Liebes-Wort

KONKRETE LITURGIE

herausgegeben von Guido Fuchs

STEFAN SCHOLZ

Liebes-Wort

Gebete, Fürbitten und Ansprachen zur Trauung

VERLAG FRIEDRICH PUSTET
REGENSBURG

Bibliografische Information der Deutschen Nationalbibliothek

Die Deutsche Nationalbibliothek verzeichnet diese Publikation
in der Deutschen Nationalbibliografie;
detaillierte bibliografische Daten sind im Internet über
http://dnb.dnb.de abrufbar.

ISBN 978-3-7917-2951-0

Layout und Umschlaggestaltung: Martin Veicht, Regensburg
Satz: MedienBüro Monika Fuchs, Hildesheim
Druck und Bindung: Friedrich Pustet, Regensburg
Printed in Germany 2018

Diese Publikation ist auch als eBook erhältlich:
eISBN 978-3-7917-6133-6 (epub)

Weitere Publikationen aus unserem Verlagsprogramm finden Sie unter
www.verlag-pustet.de
www.liturgie-konkret.de

INHALT

AUS DER NOT EINE TUGEND

An der Hand des Vaters vor dem Altar dem Bräutigam übergeben: früher als paternalistisches Auslaufmodell verspottet, heute für Bräute die Regel; Doppelnamen für die künftige Ehefrau kommen aus der Mode, wenige Frauen behalten ihren Geburtsnamen, meist wird der Name des Mannes zum Familiennamen. Traditionelles verliert den Geruch des Frauenfeindlichen, Tradition orientiert, statt zu irritieren. Hochzeitsshows und Royal Weddings prägen den Geschmack; so gut wie nie jedoch verlasse ich als Pfarrer die Hochzeit mit dem Gefühl, zum Statisten in einer Soap Opera degradiert worden zu sein. Im Gegenteil: Je un-katholischer, desto sensibler für Wort und Ritus.

Un-katholisch: der lange Zeitraum intimen Zusammenlebens vor der Ehe, kaum vorhandene sonntägliche Gottesdienstpraxis, liebesaffin, aber glaubensentwöhnt. Un-glaublich, aber wahr: „Sakrament" – als Begriff völlig fremd; die Idee des Sakramentalen – die Liebe zwischen Mann und Frau vergegenwärtigt die Liebe Christi zu seiner Kirche und durch sie die Liebe Gottes zu allen Menschen – macht hellhörig, als ob sie die zwischenmenschliche Liebe adle.

Zunehmend: Heiraten zwischen einem Getauften und Ungetauften; noch sehr selten: religionsverschiedene Paare in der Kirche; ganz diffus: die Schar der Gäste. Der Schlüssel zu allem, nach wie vor, die Lebensgeschichten der Eheleute, ihre gemeinsame Liebesgeschichte. Inkarnatorische Theologie: Lebensgeschichten als Glaubensgeschichten verstehen und deuten.

Was dieser Band möchte: Lust wecken zum sprachlichen Experiment, Kunstsprache und Umgangssprachliches verquicken, den eigenen Glaubenshorizont durch Spracherweiterung ins Unbekannte dehnen, Gottes Liebe nicht als „lieben Gott" verniedlichen. Bei fast jeder Hochzeit immer wieder ähnlich: Ein treffendes Wort für die Liebe des Paares schafft wohlige, entspannte Atmosphäre; die Rede auf Gott zu lenken, ist und bleibt oft ein Bruch, sprachlich und inhaltlich.

Religion ist abgefahren, so ausgelaufen, dass es schon wieder avantgardistisch ist, sich als Christ zu outen. Sprache, die salopp daherkommt und im nächsten Halbsatz ernsthaft wird, wird gehört. Nicht von allen, aber von etlichen. Glaube der Predigende nicht, er habe durch gekonnte Sprache die Netze gefüllt und für seinen Gott einen reichen Fang eingefahren. Sprache verpufft, schneller als gedacht. „Schön hat er geredet, aber was er gesagt hat, habe ich vergessen ...“ Weg mit dem ökonomischen Denken in der Verkündigung! Wäre dem Predigenden über sein eigenes Wort zu einem fremden Brautpaar ihm sein Gott ein wenig näher gerückt oder sein professioneller Glaube aus seinen sprachlichen Schablonen gefallen, dass ihn selbst überraschte, was er anderen zu glauben empfohlen hatte – wer sagt denn, dass die Früchte immer dort zu ernten seien, wo das wirtschaftliche Kalkül sie erwartet? Predigen zu dürfen, ist eine Gnade; die Bekehrung des Predigers das Ziel; was für die Hörenden abfällt, das bleibt, gottlob, ein Geheimnis.

BEREDTES SCHWEIGEN

Einführung Was wurde nicht schon alles über „die Liebe“ gesagt! In eurer Liebe bringt sie sich zur Sprache – neu, originell, einzigartig. Das Besondere: Ihr lasst Gott, „die Liebe“, ein Wörtchen mitreden. Geradezu wunderbar: Ihr nehmt euch beim Wort und lasst euch von „der Liebe“, Gott, beim Wort nehmen.

Gebet Herr,
bei dir finden wir Liebe in Fülle. Du machst X und Y zu Zeugen dieser Liebe. Durchdringe sie und uns mit der Glut deiner Liebe, damit wir hellsichtig werden für die Not anderer. Festige in uns Tatkraft und Mut, deine Leidenschaft für die Menschen zu bezeugen.
Darum bitten wir durch Christus, unseren Herrn.

(nach: GL 677,7)

Lesung 1 Joh 4,7–21

Predigt

Mit der Lesung aus dem Ersten Johannesbrief ist euch das Husarenstück gelungen, den Prediger am Tag eurer Hochzeit mundtot zu machen. Manche Texte aus der Heiligen Schrift widersetzen sich dem Verständnis derart, dass selbst der Theologe sie, wie ein Rindvieh, wieder und wieder käuen muss, bis er ihnen einen geistlichen Nährwert abgerungen hat. Zähes Kauen streckt bekanntlich auch die Predigt in die Länge.

Ihr habt heute allen Gästen einen Gefallen erwiesen und euer Eheleben unter ein Schriftwort gestellt, das sich aus sich selbst heraus versteht:
„Gott ist die Liebe.
Wer in der Liebe bleibt,
bleibt in Gott,
und Gott bleibt in ihm.“
Was gäbe es darüber hinaus noch zu sagen?
Das vierte Kapitel des Ersten Johannesbriefes buchstabiert die Quintessenz des Glaubens in zeitloser Wortwahl. Ohne eines Auslegers

bedürftig zu sein, spricht es aus sich und deutet sich selbst. Auch wäre es vermessen, euch oder eure Gäste über das Wesen der Liebe belehren zu wollen. Jeder, der liebt, ist Experte in Sachen Liebe und bedarf keiner Nachhilfe in Liebesangelegenheiten.

Nur darüber wäre ein Wort zu verlieren:
über jenen Stachel, den der Text ins Fleisch des Glaubenden rammt: dass Gottes- und Nächstenliebe ein Zwillingspaar sind.
Der Rechtgläubigste wird als Lügner enttarnt, wenn sein Lippenbekenntnis Gott gegenüber keine Liebestat für seinen Nächsten bereithält.
„Wer seinen Bruder nicht liebt,
den er sieht,
kann Gott nicht lieben,
den er nicht sieht."
Ohne Liebe zum Nächsten wird der Glaube zur Farce und Liebe ein leeres Versprechen.

„Die Liebe" wird endlos, rauf und runter, besungen. Fleisch auf die Rippen bekommt sie durch eure Liebe. Eure Liebe bezeugt die Wahrheit der Schrift. Die Predigt des heutigen Tages seid ihr selbst, nicht das Wort des Predigers. Abstrakte Liebe bleibt eine Chimäre. Liebende erst atmen sie ein und leben aus ihr.

Ein Theologe schimpfte sich nicht umsonst einen Gottesgelehrten, fände er in der Vollkommenheit nicht das Haar in der Suppe, das es ihm erlaubte, aus einer kurzen Ansprache doch noch eine satte Predigt zu zaubern. Zu meiner Entschuldigung sei gesagt, dass nicht ich der Verursacher dieser Trübung bin, sondern der Verfasser des Johannesbriefes selbst. Hätte er allein an Liebespaare und Ehewillige sein Wort gerichtet – was wäre selbstverständlicher, als die Liebe hochleben zu lassen und Gott, „die Liebe", über den grünen Klee zu loben.

Stinknormale Christen hat der Brief im Blick, Menschen, die Tag für Tag einen nüchternen Alltag zu bestehen haben; der Nächste – nicht nur die geliebte Frau, der geliebte Mann an meiner Seite. Der Nächste ist der, der mir zunächst ist.

Gott und Liebe –
austauschbare Begriffe.
Das Maß dieser Liebe:
„Wer bekennt,
dass Jesus der Sohn Gottes ist,
in dem bleibt Gott,
und er bleibt in Gott."
Bekanntlich galt die Liebe Jesu jedem.
Maßlose Liebe.

Ein verstohlener Blick
über die geliebten und vertrauten Gesichter hinaus,
in die große Runde der Gäste
und, in Gedanken,
ein Defilee all der Pappnasen und anstrengenden Zeitgenossen,
von Intimfeinden und Konkurrenten ganz zu schweigen,
die einem Tag für Tag zugemutet werden –
dann nochmals gehört
und sich selbst auf der Zunge zergehen lassen –
Erster Johannesbrief, Kapitel vier:
„Gott ist die Liebe.
Wer in der Liebe bleibt,
bleibt in Gott,
und Gott bleibt in ihm."
So an Herzerweiterung erkrankt ist keiner,
dass er die Ungeliebten, ohne Wenn und Aber, sich an die Brust drückte.
Warum maßlose Liebe,
wenn's auch einfacher geht,
in trauter Zweisamkeit genießen,
jene Liebe, die nur dem einen Geliebten gilt,
nicht der ganzen Welt?
Selbst schuld!
Exklusive Liebe in der Kuschelecke des eigenen Liebesglücks –
überall zu haben –
mit einem Ja zueinander vor Gottes Angesicht – ausgeschlossen.
Eure Liebe leiht Gottes Liebe Herz und Hand,
in eurem Wort Wort Gottes,
Gottes Blick auf jeden Menschen als sein geliebtes Kind,
in euren Augen.

Menschen warten darauf.
Ohne Liebe geht's nicht,
für keinen.

Nun endlich –
Ruhe im Karton.
Ich schweige.
Es ist an euch zu reden.
Predigt euch selbst!

Fürbitten Gott ist die Liebe. Ihn bitten wir:

- „Jeder, der liebt, stammt von Gott und erkennt Gott.“ X und Y lieben einander. Sie haben dich, Gott, als „die Liebe“ erkannt. Deine Liebe beschenke sie mit dem Glück, in der Liebe zu wachsen und die Schönheit des Lebens zu genießen.

A Quelle der Liebe, Herr, erhöre uns.

- „Gott ist Liebe.“ Früchte der Liebe sind Vertrauen und Frieden, Vergeben und Verzeihen, Mut und Zuversicht. Alle Tage ihres Lebens mögen X und Y daraus leben.
- „Wenn Gott uns so geliebt hat, müssen auch wir einander lieben.“ Als Familie und Freunde freuen wir uns an der Liebe der beiden. Sie ermutige uns zur Nächstenliebe.
- „Furcht gibt es in der Liebe nicht … vollkommene Liebe vertreibt die Furcht.“ Manchen ist es zum Fürchten in ihrem Leben. Angst regiert die Welt. X und Y setzen mit ihrer Liebe ein Zeichen der Hoffnung. Wir beten für alle, denen das Leben schwere Lasten aufgebürdet hat. Hilf uns, ihnen tragen zu helfen.

Lob und Dank sei dir, guter Gott, der du uns ein Leben aus der Liebe lehrst durch deinen Sohn, Jesus Christus.

Gebet

Herr, unser Gott,
mit X und Y preisen wir dich, dass sie sich gefunden haben und einander lieben.
Für X und Y bitten wir dich:
Bleibe der Gott ihres Lebens und ihrer Liebe, damit sie in ihrer Ehe einander mit deiner Freude beschenken und in deinem Frieden leben dürfen von Tag zu Tag, von Jahr zu Jahr.
Darum bitten wir durch Christus, unseren Herrn.

(nach: Die Feier der Trauung, S. 75, B)

ES WERDE LICHT

Einführung Eines Tages hattet ihr euch im Blick und habt euch seitdem nicht mehr aus den Augen verloren. Das hat eure Sicht auf das Leben verändert. Im Anblick des geliebten Menschen ist die Welt reicher geworden. Auch Gott hat auf euch ein Auge geworfen. Er sieht euch an voller Liebe. Aus der Perspektive Gottes fällt ein farbenfrohes Licht auf jeden Menschen.

Gebet des Brautpaares

Guter Gott, ich bin glücklich.
Es gibt einen Menschen, der mich liebt.
Er kommt mir entgegen.
Er sieht mich an.
Er nimmt mich in die Arme.
Er hört mir zu.
Er antwortet mir.
Er spricht zu mir.
(…)
Ich vertraue ihm,
ich fühle mich bei ihm geborgen,
ich überlasse mich ihm.

(nach: GL 16,1)

Gebet des Zelebranten

Gott, voller Liebe zu uns Menschen,
sieh auf X und Y. Sie lieben sich und fühlen sich von dir geliebt. Sie gehen in eine Zukunft, die ihnen verborgen ist, im Vertrauen darauf, dass du alle ihre Wege mit ihnen gehst und sie immer im Blick haben wirst. In dieser Hoffnung machen sie sich auf ihren Lebensweg.
Mit ihnen loben und preisen wir dich, heute und alle Tage und in Ewigkeit.

Lesung Lk 11,33–36

Predigt
Alles vor Augen.
Was sieht das Auge?
Wie sieht das Auge?
Was bedeutet mir das Gesehene?

Die antiken Philosophen machten sich darüber Gedanken. Die einen meinten, Lichtpartikel dringen von außen ins Auge. Das, was ich sehe, bildet sich mittels des Lichtes im Sehorgan ab.
Die anderen dachten, das Auge selbst sende Licht aus. Das Licht reflektiere sich am Objekt und werfe ein Bild des Beleuchteten ins Auge zurück.

Das Auge – empfängt es passiv Licht von außen oder ist es selbst Quelle jenes Lichtes, das der Mensch braucht, um zu sehen und zu erkennen?

Die Wahrheit liegt in der Mitte: Das Auge selbst strahlt kein Licht aus. Licht kommt von außen. Wie aber die Sinneseindrücke verarbeitet werden, das hängt davon ab, wie es im Innern eines Menschen aussieht.
Alle sehen das Gleiche, keiner sieht dasselbe. Ein lichter Sommertag zaubert in dem einen ein Gefühl unbeschwerter Lebensfreude. Ein anderer grämt sich über so viel unbarmherzige Helligkeit, weil die Traurigkeit sich seiner bemächtigt hat, derer er sich im grellen Licht schmerzlich bewusst wird.

Was man wahrnimmt,
wie man sieht,
was es einem bedeutet,
das steht und fällt mit dem „inneren Auge".
Mein Charakter, meine Stimmungen,
meine Geschichte, meine Interessen –
sie prägen meine Sicht.

Wie sieht das Auge,
wenn es glaubend schaut?
Es geht den Dingen auf den Grund.
Das Sehen auf den ersten Blick
erfährt eine kritische Infragestellung.

Vieles ist nicht so, wie es scheint.
Ist die Finsternis wirklich düster?
Sind die Guten innerlich so licht,
wie sie äußerlich strahlen?
Die Verworfenen – tatsächlich verwerflich?
Die Lebensgeister – keine Dämonen?
Die dämonischen Kräfte,
sind sie des Teufels oder verkehrt gelenkte Mächte des Guten?

Jesus Christus, das Licht, macht klar, was Sache ist.
Von ihm her gesehen wird es offensichtlich.

Einen geliebten Menschen in meinem Herzen tragen,
und das innere Auge lehrt das nach außen blickende,
alles in neuem Licht zu sehen.
Aus Verzagtheit erwächst Mut,
aus Eintönigkeit Phantasie,
im Zweifel keimt Vertrauen,
Verschlossenes wird entschlüsselt.
Durch das Prisma des Geliebten
bricht sich gleißendes Licht in den Farben des Regenbogens.
In meinem Herzen ein geliebter Mensch
eicht meine Sichtweise nach anderem Maß:
Verantwortung erscheint plausibler
als ein Leben in den Tag hinein.
Lieblosigkeit schneidet tiefer ins Fleisch.
Das Ich macht dem Du Platz.
Ein Wir klingt anders,
wenn man Vater und Mutter gerufen wird.
Wo viel Licht, da viel Schatten –
ein Sprichwort wird zur konkreten Erfahrung.

Die Liebe zwischen euch,
im Licht des Glaubens betrachtet,
führt zu einer Unterscheidung der Geister:
Wesentliches wird von Entbehrlichem geschieden,
Lebensfeindliches demaskiert,
das Förderliche in Licht getränkt,
Gelassenheit wächst,
faule Kompromisse werden anrüchiger.

Das Auge ist geklärt und sieht klar.
Der Leib gesundet.
Der ganze Mensch wird heil.

Wie Gott auf uns blickt?
Eure Liebe schärft uns den Blick.
Menschen kommen zu sich selbst.
Starre Sichtweisen werden fragwürdig.
Das Gleiche mit Liebe oder gleichgültig, gar lieblos betrachtet –
zwei verschiedene Welten.

Seit ihr einander liebend im Blick habt,
ist euch die Welt eine andere geworden.
Seit Menschen glauben,
sie werden liebend angeblickt von Gott,
sind sie nicht mehr dieselben
im Vergleich zu denen,
die sie waren,
bevor ihnen diese Sicht des Glaubens zu Herzen ging.

Liebende Augen,
Augen in der Sicht des Glaubens,
sehen anders, sehen mehr,
es fällt ein vertrauenerweckendes, hoffnungsvolles,
liebendes Licht
auf alles.

Lied Wo die Güte und die Liebe wohnt (GL 442)

Fürbitten Vor Gott, unseren Vater, der durch das Licht seiner Liebe die Finsternis erhellt, bringen wir unsere Bitten:

- X und Y sind Feuer und Flamme füreinander. Das Licht ihrer Liebe leuchte auch denen, mit denen sie ihr Leben teilen.

A Entzünde in uns das Feuer deiner Liebe.

- Das Licht der Liebe empfangen wir voneinander. Mit X und Y danken wir dir für alle Menschen, die ihr Leben hell gemacht haben. Lass ihnen dein Licht leuchten in dunklen Tagen und sei ihr Licht am Ende jeden Tunnels, den sie durchqueren müssen.
- Wir bitten um alles, was uns hilft, unsere Sicht zu klären, dass wir uns selbst nicht verlieren. Immer seien Menschen an unserer Seite, die die Glut der Liebe in uns neu anfachen.
- Durch Liebe gewandelte Menschen wandeln die Welt. Mit X und Y blicken wir gespannt in die Zukunft, mit der Bitte, du mögest die Augen unseres Herzens erleuchten, damit wir erkennen, zu welcher Hoffnung wir berufen sind.

Lob und Dank sei dir, guter Gott, durch deinen Sohn Jesus Christus.

Lied Meine engen Grenzen (GL 437)

Gebet Gott,
du bist das Licht,
das jeden Menschen erleuchtet.
X und Y gehen liebenden Blickes durch diese Welt.
Gewähre ihnen die Freude,
ein ganzes Leben lang so klarsichtig einander anzublicken
und erfahren zu dürfen,
dass sie dein Augenstern sind.
Darum bitten wir durch Christus, unseren Herrn.

NEU LIEBEN NACH GESCHEITERTER LIEBE

Einführung Eure Liebe schreibt Geschichte. Alte Geschichten liegen hinter euch. Sie haben kein gutes Ende genommen. Noch einmal lieben zu dürfen und geliebt zu werden – was für ein Geschenk! Gabe Gottes nach Zeiten, wo euch nichts geschenkt worden ist. Das Ideal der Liebe – neu und lebendig durchbuchstabiert – Gottes Liebe ist nichts unmöglich.

Gebet Gott, Vater,
X und Y können dich wieder so nennen. Ihre Liebe hat ihrem Leben neuen Sinn verliehen. Was so lange fragwürdig war, jetzt stehen sie fraglos auf sicherem Boden, weil sie einander gefunden haben. Wir danken es deiner Gnade und Güte. Mögen sie fest zusammenstehen, ein ganzes Leben lang.
Darum bitten wir durch Christus, unseren Herrn.

Lesung Joh 15,9–17

Predigt
Von nichts kommt nichts.
Oder, in Theologendeutsch:
Gnade setzt die Natur voraus.
Sprich:
Hungert einer,
kann ich ihm nicht mit dem lieben Gott kommen.
Er muss satt sein,
bevor man seine Seele füttern kann.
Gewiss:
Der Mensch lebt nicht vom Brot allein,
von Gott allein aber auch nicht.
Die Natur fordert ihr Recht.
Wenn man dem hungernden Körper gerecht geworden ist,
dann erst schlägt die Stunde Gottes.

Auch in der Liebe gilt:
Gnade setzt die Natur voraus.
Das Körperliche darf nicht unter den Tisch fallen.
Sonst ist es Essig mit der Liebe.
Ein Buch in der Bibel spricht nicht von Gott.
Es lässt ausschließlich Mann und Frau,
die sich lieben, zu Wort kommen,
das Hohelied.
Das Feuer der Leidenschaft;
die Sehnsucht nach dem Körper des anderen;
der Schmerz,
den Geliebten vermissen zu müssen;
sich in ihn zu verlieren,
wenn er da ist.
Das Ideal der Liebe – schön und gut;
der erste Kuss,
der Schauer intimer Berührung,
ganz im anderen sein –
erst wenn Liebe fleischlich wird,
enthüllt sie ihre geistige Dimension.

Reine Liebe ist keine Liebe.
Das Ideal bricht sich am konkreten Menschen.
Zur Sehnsucht tritt die Gewöhnung.
Ausbruch leidenschaftlicher Gefühle
und dann Zeiten,
in denen man froh ist,
wenn man einander ertragen kann.
Körperlich eins,
äußerlich verbunden,
geistig geschieden in du und ich;
vom Empfinden her gemessen
auf zwei verschiedenen Wellenlängen.
Vertraut, intim und – fremd.
Was sich abstrakt als Ideal anhimmeln lässt,
stößt sich konkret am Fleisch manche Blessur.
Gnade verheißt Vollkommenheit,
Natur lässt sich nicht vervollkommnen.

Gnade setzt die Natur voraus.
Entweder sie wächst mit den Ecken und Kanten,
oder sie scheitert.
Gescheiterte Liebe streut Salz in offene Wunden.
Mit dem Verflackern der Liebe stirbt ein Teil der Liebenden.
Das ganze Leben auf eine Karte, einen Menschen gesetzt,
und verloren.
Man selbst am Boden,
körperlich mitgenommen,
seelisch angeschlagen,
geistig am Ende;
Gnade, Glaube, Gott –
Worte ohne Inhalt.

Was bleibt aus gescheiterter Liebe?
Das Häuflein Elend von Mensch,
das ich selbst bin.
Ohne Boden unter den Füßen,
bis auf die geschundene Haut nackt,
die Seele ein Krankheitsherd.
Vorbei die Zeit der Ideale,
vorbei die Zeit der Selbsttäuschung.
Ich erkenne mich selbst.
Ich lerne mich kennen,
wie ich mich noch nie kennengelernt habe.
Viele meiner Stärken offenbaren ihre Schwäche.
Wo ich mich schwach fühle,
werde ich stark.
Ich schaue in den Spiegel,
bin mir fremd
und werde mir vertraut in einer Weise,
wie ich es nie vermutet hätte.
Und immer dann,
wenn ich hoffe,
über den Berg zu sein,
türmt sich ein neues Hindernis auf und lehrt mich,
dass ich mich noch nicht zur Genüge erkannt habe.

Die Natur der Liebe berauscht die Liebenden genauso,
wie sie sie ernüchtert.

In diesem Wechselspiel,
wo ich auf mich selbst zurückgeworfen bin,
schlägt aufs Neue die Stunde der Gnade.
Zum Überleben gebrochener Herzen braucht es eine Vision.
Anfangs flüstern andere sie mir ins Ohr.
Ich selbst bin taub und fühllos geworden
gegen alle Verheißungen.
Bis ich bereit bin, das Scheitern meiner großen Liebe
als meine Aufgabe anzunehmen,
mich selbst zu erkennen und das anzupacken,
was nur ich selbst unvertretbar für mich tun kann.
Drei Schritte vor, zwei zurück –
der mühsame Weg in eine noch verschlossene Zukunft.
Nach der für mich nötigen Zeitspanne
wird die Vision, die Gnade,
mir zur zweiten Natur.
Es gibt eine Liebe, die mich gehalten hat,
als ich selbst keinen Halt mehr hatte.
In meinem Herzen keimt ein Vertrauen,
das Wurzeln zu schlagen begann zu dem Zeitpunkt,
als ich auf Gedeih und Verderb
auf mich selbst zurückgeworfen war.
Meiner Seele wohnt ein Liebhaber inne,
von dem ich bis dahin nur hörte,
ohne ihn zu spüren.
In Zeiten der Liebe hatte ich gedacht:
Nichts selbstverständlicher als dies.
Der geliebte Mensch ist mir der Himmel auf Erden.
Zur Zeit der Lieblosigkeit hatte ich gedacht:
Nichts unwahrscheinlicher als dies.
Wenn der geliebte Mensch von einst mir jetzt fremd geworden ist,
wie viel weniger wird mir die Liebe eines unsichtbaren Gottes
taugen.
Zu der Zeit, als ich begann,
aus der Not heraus mich selbst zu erkennen,
klammerte ich mich an jeden Strohhalm.
Rückblickend nach langer Zeit erkannte ich,
dass die Vision des liebenden Gottes kein Wunschdenken war,
sondern seine Liebe mich
durch all die Zeit getragen und gehalten hat.

Liebestrunken schwebte ich im siebten Himmel,
der Liebe ledig, stürzte ich tiefer als auf die Erde,
ich erlebte meine Hölle.
Bis ich mich selbst erkannte
und mir geschenkt wurde zu erfahren,
dass zwischen Himmel und Hölle kein Ort denkbar ist,
an den Gottes Liebe nicht reicht.
Die alten Gegensätze fallen.
Natur und Gnade verbinden sich.
Gottes Liebe wird Fleisch:
„Wenn ihr in mir bleibt
und wenn meine Worte ich euch bleiben,
dann bittet um alles,
was ihr wollt:
Ihr werdet es erhalten …
Wie mich der Vater geliebt hat,
so habe ich euch geliebt.
Bleibt in meiner Liebe …
Das ist mein Gebot:
Liebt einander,
wie ich euch geliebt habe.
Es gibt keine größere Liebe,
als wenn einer sein Leben für seine Freunde hingibt."

X, Y – für euch beten wir
um Gottes Segen für eure Liebe.

Lied Suchen und fragen (GL 457)

Fürbitten Sei hier zugegen, Licht unseres Lebens
(GL 557,1–24 aus: Litanei von der Gegenwart Gottes, im Wechsel zwischen Vorbeter und allen)

Gebet Gott,
du hast uns geschaffen,
doch wir kennen dich kaum.
Du liebst uns –
und doch bist zu uns fremd.
Du hast dich X und Y in ihrer Liebe gezeigt.
Offenbare dich auch uns.

Zeig uns dein Gesicht.
Sag uns, wer du bist
und was du für uns bedeutest.
Lehre uns,
dich erkennen, dich verstehen, dich lieben.
Darum bitten wir durch Christus, unseren Herrn.

(nach: MB II, S. 305, Nr. 2)

ALTE GESCHICHTEN – NEUE GESCHICHTE

Einführung Keiner kann aus seiner Haut – heißt es. Man könnte aus der Haut fahren, gefesselt an die Vergangenheit. Eure Liebe hat viele Häutungen in euch bewirkt. Was gewesen ist, ist so, wie es ist. Mit Liebe darauf geblickt, verändert sich das Vergangene und eröffnet eine Zukunft, die nur euch beiden gehört. Es wird eure Geschichte sein. Die alten Geschichten werden nicht fortgeschrieben.

Kyrie-Rufe GL 163,6

Gebet Allmächtiger Gott,
du löschst den glimmenden Docht nicht aus; du brichst das geknickte Rohr nicht. Du heilst alle Wunden und öffnest verschlossene Türen.
Seit sie einander lieben, sind X und Y auch die Augen für dich aufgegangen. Mit ihnen loben und preisen wir dich durch Christus im Heiligen Geist in Ewigkeit.

Lesung Mt 7,1–11; 10,34–42

Predigt
Wer ich bin?
Ein Cocktail aus dem Genmaterial meiner Eltern;
nicht zu vernachlässigen – meine Erziehung.
Menschen haben mich geprägt.
Mein eigener, unverwechselbarer Charakter,
gereift in den Konflikten,
ausgetragen zwischen dem,
der ich sein will, und dem, der ich sein soll.
Was mir widerfuhr –
das eine warf mich zurück, anderes brachte mich vorwärts;
mein Beruf,
vielerlei Zufälle – Fügungen vielleicht?!

Woran ich glaube,
wen ich liebe,
von wem ich mich geliebt weiß –
alles Mosaiksteinchen,
zusammengetragen für jenes unvollendete Puzzle,
an dessen Ende das Bild meines Ich stehen soll.
Mal verdichtet es sich.
Dann läuft alles quer.
Die Steine werden neu gemischt,
das schon erkennbare Bild meiner selbst wird fragwürdig.
Das Puzzle beginnt von vorn.
Ich komme mit mir nicht zurande,
es kommt an kein Ende
mit dieser ewigen Fragerei:
Wer bin ich?
Auch der neue Entwurf enthüllt weiße Flecken.
Teile passen nicht zueinander.
Ich selbst – immer für Überraschungen gut,
mal mir zur Freude,
mal zur Last.

Wer möchte ich sein?
Mein Ideal.
Kräfte bündeln,
das Ziel im Blick.
Träume werden wahr, manchmal.
Ich bin an meinen Idealen gescheitert.
Es ging nicht so,
wie ich mir dachte.
Entweder ich akzeptiere, wie ich bin,
oder ich zerbreche an meinen Vorstellungen,
wie ich sein sollte.
Ideal und Wirklichkeit.
Soll und Haben.
Entwicklungen gehen nicht nahtlos ineinander über.
Mein Leben – nicht in einem Guss zu erzählen.
Da und dort holpert es.
Hier ein Knick, da ein abrupter Bruch.
Von diesem zu jenem führt keine Brücke.
Bruchstellen.

Die Anwälte der wahren Lehre wittern Verrat am Ideal,
von Gott uns auferlegt.
Sie malen den Teufel an die Wand und mahnen zur Umkehr.
Die Pragmatiker seufzen erleichtert auf,
dass einer endlich das Träumen habe sein lassen
und in der Wirklichkeit angekommen sei.

Christlicher Glaube weiß um eine alternative Route:
sich nach Idealen auszustrecken als einer,
der an Idealen gescheitert ist.
Im Namen der Wahrheit werden viele Stäbe zerbrochen
über Lebensgeschichten,
die nicht in die üblichen Raster zu zwängen sind.
Im Wissen, selbst einem Richtspruch,
der streng nach Recht und Gesetz bemisst,
nicht genügen zu können
und folgerichtig auf das Richten zu verzichten –
ohne den klaren, nüchternen Blick auf Mensch,
Sache oder Situation zu verlieren –
diese Haltung erwächst aus den Bruchstellen des Lebens.
Zu bitten,
obwohl die erbetene Gabe versagt wurde;
zu suchen,
ohne gefunden zu haben;
anzuklopfen mit bangem Herzen,
weil einem schon die Tür vor der Nase zugeschlagen wurde –
ein Idealist ginge daran zugrunde,
ein Pragmatiker würde es nicht tun,
ein Glaubender macht's,
weil er die Erfahrung gemacht hat,
dass es gute Gründe gibt,
wider alle Hoffnung zu hoffen.

Die Hoffnung löst Gott abseits des Erwarteten ein.
Die Bruchstellen sind es,
die einen auf die nackte Existenz reduzieren.
Jetzt erst weiß ich,
was trägt und was nicht.
Gefallen, gestolpert ohne Ende,
am Ende nicht tiefer gefallen als in Gottes Hand.

Unabhängig von menschlichem Urteil und Menschenliebe:
„Wer Vater oder Mutter mehr liebt als mich …“

Es gibt Dinge,
die so sind,
wie sie sind.
Sie lassen sich nicht leugnen.
Entweder sie werden getragen
oder unter den Teppich gekehrt
und verbiegen mich nach Strich und Faden.
„Wer nicht sein Kreuz trägt …“

Deren Lebensgeschichte nicht nach Schema F verlaufen ist,
die haben was zu erzählen:
Die Ideale, an denen man zerbrochen ist,
lassen sich erst gebrochen anstreben.

Wer bin ich?
Ich weiß es nicht.
Was ich erfahren habe, ist:
Ich bedarf eines barmherzigen Vaters,
nicht eines unbestechlichen Richters.
Selbsterkenntnis über den Balken in meinem Auge tut mir not,
nicht nur die klare Sicht in Bezug auf die anderen.

Türen bleiben verschlossen,
Wege leiten in die Irre,
Bitten läuft gegen Mauern des Schweigens,
wenn ich nicht auf einen Menschen mit einem Herz im Leibe treffe.

Es gibt Wichtigeres als Blutsbande.
Ein im Glauben geschultertes Kreuz wird leicht.
Verlorenes Leben kann Gewinn sein,
gewonnenes Verlust bedeuten.
Wer bin ich?
Vielleicht gibt es nur widersprüchliche Antworten auf diese Frage.

Voller Widersprüche ist der christliche Glaube.
Er denkt zusammen,
was nicht zusammengedacht werden kann.

Der unnahbare Gott ist uns näher,
als wir selbst es uns sind.
Gott wird Mensch.
Der Gottmensch stirbt den sinnlosesten Tod.
Gott erleidet Gottverlassenheit.
Der Gekreuzigte lebt.
Im Tod ist das Leben.

Daraus werden nur die schlau,
deren Leben sich nicht nahtlos erzählen lässt.
Es sind wohl diese Bruchstellen,
die euch gelehrt haben,
einander zu lieben.
Kreuz und Liebe,
Glauben und Zweifeln,
Demut und Selbstbewusstsein,
Gebrochenheit und Heilwerden –
im Glauben an Jesus Christus
keine kontradiktorischen Gegensätze,
sondern zwei Seiten ein und derselben Medaille:
unseres Lebens.

Lied Atme in uns, Heiliger Geist (GL 346)

Fürbitten „Bittet, dann wird euch gegeben." Deshalb wenden wir uns an Gott, unseren Vater:

- „Wer bin ich?" Wir sind deine geliebten Kinder. X und Y haben sich gesucht und einander gefunden. In ihrer Liebe scheine ihnen deine Liebe auf.

A Du sei bei uns in unserer Mitte (GL 182,2)

- „Wer bist du?" Erst als sie begonnen hatten, so zu fragen, haben sich X und Y gefunden. Wir erbitten für sie, dass sie sich immer liebend im Blick haben.
- „Wer sind wir?" Kein Mensch kann alleine leben, geschweige denn alleine glauben. X und Y mögen nie wahre Freunde fehlen. Die Gemeinschaft der Glaubenden, die Kirche, sei ihnen ein fester Halt.

- „Wer bist du, Gott?" Du bist der Gott des Lebens. Dein Geist belebt das Dürre, heilt das Kranke, löst das Erstarrte, sucht das Verlorene. X und Y haben dein Wirken erfahren. Dein Geist führe sie auf den Weg, der zum Leben führt.

Herr, unser Gott, du begleitest uns mit deiner Liebe. Darum danken wir dir durch deinen Sohn Jesus Christus.

Gebet

Gott und Vater aller Menschen.
X und Y haben zu sich selbst gefunden,
weil sie einander gefunden haben.
Sie und uns alle sendest du.
In deinem Namen sollen wir Frieden bringen,
wo Zwietracht herrscht,
Glauben wecken, wo Zweifel um sich greift,
die Hoffnung beleben,
wo Traurigkeit die Menschen lähmt.
Hilf uns dabei.
Darum bitten wir durch Christus, unseren Herrn.

(nach: MB II, S. 310, Nr. 17)

JANUSKÖPFIG

Einführung Liebespathos – auf Hochzeiten gang und gäbe. Alles rosig zeichnen und Gott als Sahnehäubchen obendrauf, das ist nicht euer Ding. Von der Liebe könnt ihr ehrlichen Herzens ein Loblied singen, ohne jene nüchternen Seiten des Alltags zu verschweigen, die einen von Wolke sieben wieder auf die Erde holen. Deshalb habt ihr sprachliche Anleihen bei einem biblischen Buch gesucht, das von Brautpaaren nur selten konsultiert wird: Kohelet.

Gebet Gott,
dein Heiliger Geist wohnt in unseren Herzen.
Er hält uns in der Liebe zu dir und untereinander.
Dein Geist stärke X und Y in ihrer Ehe.
Dein Geist erneuere in uns die Hoffnung,
den Glauben und die Liebe.

Heilig-Geist-Litanei GL 565,6.8.10

Gebet Gott,
du leitest und behütest uns durch deinen Geist.
Erweise an X und Y deine Barmherzigkeit und erhöre unsere Gebete für ihren Weg als Ehepaar, damit sie durch deine Gnadengaben gestärkt werden in ihrer gegenseitigen Liebe auf ihrem gemeinsamen Weg.
Darum bitten wir durch Christus, unseren Herrn.

(nach: MB II, S. 1140, C)

Lesung Koh 4,7–12

Predigt

Wenn zwei sich binden und einen gemeinsamen Hausstand gründen, bitten sie Gott um Segen und Schutz für sich und ihr Heim.

Zu Zeiten der römischen Antike hätten sie sich Janus anvertraut, dem Gott des Anfangs und des Endes. Den Eingang und Ausgang

eines Hauses zu beschützen, zählte zu seinen Aufgaben. Damit dem Wächter nichts entging, meißelte man seine Statuen mit zwei Gesichtern. Der Gott blickte nach vorne und schaute nach hinten. Den Dieb, der verstohlen etwas aus dem Haus heraustrug, sah er genauso wie einen bösen Geist, der auf einen Moment der Unachtsamkeit des Hüters lauerte, um durch die Tür ins Innere zu schlüpfen und die Bewohner zu peinigen.
Janus entging nichts.

Das Janusköpfige bürgerte sich in unseren Sprachschatz ein. Statt verlässlicher Achtsamkeit meint das Wort heute eine tadelnswerte Verbiegung des Charakters. Der ist nicht vorn wie hinten, sagt man. Etwas ist nicht das, als das es scheint.
Das doppelte Gesicht des antiken Gottes wird zum Sinnbild einer schmerzlichen Lebenserfahrung: Aus bitterem Erleben wird man gezwungen zu unterscheiden zwischen Sein und Schein, zwischen Gesagtem und Gemeintem.

Kohelets Zeit ist das beginnende 2. Jahrhundert vor Christus. Die reiche Jerusalemer Oberschicht hat soziale Gerechtigkeit in den Wind geschrieben. Wer es in Gesellschaft oder Politik zu etwas bringen will, muss über entsprechende Beziehungen verfügen. Gottvertrauen und ein Leben nach der Tradition der Väter sind keine Steigbügel für eine Karriere. Im Gegenteil, in Jerusalem legte man die alten Zöpfe der Religion ab. Man hatte es satt, als Hinterwäldler eines tristen Provinzkaffs zu gelten. Hellenistische Lebensweise und Denkart waren der letzte Schrei. Von der Mode bis zur Religion überlagerte das Griechische das Hebräische.
Ein auch über Jerusalem herrschender König ging sogar so weit, den Tempel in ein Heiligtum des Zeus umzuwandeln, die religiösen Riten und Feste zu verbieten.

Eine janusköpfige Zeit.
Nichts war so,
wie man es hätte erwarten können.
Wer was kann,
bekommt nicht den Posten,
um sein Können in die Tat zu überführen.
Einer hat gearbeitet und geschuftet,
seinen Besitz gemehrt,

da rafft der Tod ihn über Nacht hinweg;
seinen Reichtum genießt ein schmarotzender Erbe,
der keinen Finger dafür gerührt hat.
Einer hat ein Unrecht erlitten.
Er zieht vor Gericht.
Eine korrupte Judikative bringt ihn um sein gutes Recht.
Die Zeiten waren so,
dass es sich noch nicht einmal lohnte,
dagegen aufzubegehren.
Kein Hoffnungsschimmer in Sicht,
dass es besser werden könnte.

Wohin Kohelet auch blickte,
alles und jedes zeigte zwei Gesichter.
Auch vom Glauben her
konnte er sich keinen Reim darauf machen.
Wenn es Gott gibt,
muss alles irgendwie mit ihm zu tun haben.
Gott tut kein Unrecht,
aber obwohl Gott da ist,
geschieht Unrecht,
und das nicht zu knapp.
Fazit:
Wenn diese janusköpfige Zeit einen Sinn in sich birgt –
der Mensch kann ihn nicht erkennen.
Das Einzige, was man tun kann, ist,
sich des Lebens zu freuen,
solange es einem seine Sonnenseite zuwendet.

Solche Zeiten wie die des Kohelet
vertragen keinen religiösen Überschwang,
sie laden nicht ein
zu hochtrabendem philosophischem Spekulieren,
handfeste Wahrheiten sind gefragt,
die ihre Feuerprobe bestanden haben,
wenn alles in Fluss gerät:
Zwei sind besser als einer allein.
Genieße deine Jugend,
bevor die Tage kommen,
die du nicht magst.

Bau keine Luftschlösser.
Auch wenn du nicht verstehst,
halte dich im Vertrauen auf Gott.
Im Gegensatz zu Menschen wandelt er nicht sein Gesicht,
auch wenn es dir so scheinen mag.
Fazit:
„Iss freudig dein Brot
und trink vergnügt deinen Wein;
trag jederzeit frische Kleider
und nie fehle duftendes Öl auf deinem Haupt.
Mit einer Frau, die du liebst,
genieß alle Tage deines Lebens voll Windhauch,
die Gott dir unter der Sonne geschenkt hat.
Alles, was deine Hand, solange du Kraft hast,
zu tun vorfindet, das tu!"

Warum habt ihr euch zu eurer Hochzeit Kohelet als Gast geladen? Vielleicht, weil euch in irgendeiner Art und Weise das Janusköpfige dieses Lebens bei aller Liebe unter die Haut gefahren ist. Solche Zeiten vergisst man auch in Hoch-Zeiten nicht.

Wenn am Ende für einen neuen Anfang bleibt:
Zwei sind besser als einer,
und der Zweite kein Wunschtraum ist,
sondern aus Fleisch und Blut neben einem sitzt
und verlässlich Ja sagt zu einem gemeinsamen Leben
in bewegten Zeiten –
auch wenn das Janusköpfige unserer Existenz
nicht auszutreiben sein wird,
wenn der Zweite und die Zweite da ist –,
dann lohnt es sich zu leben und zu glauben.

Fürbitten Wir beten zum Heiligen Geist,
der uns gesandt wurde, um uns beizustehen."
(GL 675,5; linke Seite unten, bis Ende des Abschnitts)

Lied Komm, Heilger Geist, der Leben schafft (GL 342,1–6)

Gebet

Gütiger Gott,
X und Y haben sich das Sakrament der Ehe gespendet. Hilf ihnen, in guten Tagen das Gespür für ihre Liebe als dein Geschenk wachzuhalten. In schweren Zeiten lass ihnen daran genug sein, dass sie sich aufeinander verlassen können.
Gleich wie die Zeiten sein werden, in ihre Liebe ist deine Liebe hineinverwoben zu einer dreifachen Schnur, die nicht so schnell reißt.
Wir preisen dich für deine Liebe und deine Treue, jetzt und in Ewigkeit.

OHNE GOTT – MIT GOTT

Einführung Gott, Glaube, Kirche – seit Kindheitstagen dem einen von euch vertraut, dem anderen ein Buch mit sieben Siegeln. Ohne Gott – mit Gott, die Liebe schlägt eine Brücke. Sie ist nicht der kleinste gemeinsame Nenner, sie ist das Ein und Alles, ob einer nun an Gott glaubt oder nicht.

Gebet Gott,
wir danken dir, dass du X und Y durch die Liebe zusammengeführt hast. Du bist die Liebe, wir werden zu Menschen in der Liebe.
Lass uns erkennen, was wir sind.
Lass uns glauben, was wir beten.
Lass uns tun, was du uns geboten hast:
dich und den Nächsten zu lieben wie uns selbst.
Darum bitten wir durch Christus, unseren Herrn.

(nach: MB II, S. 309, Nr. 13)

Lesung Dtn 5,6–9a

Predigt
Dem Maler wird verwehrt,
zum Pinsel zu greifen.
Der Bildhauer ist gezwungen,
den Meißel aus der Hand zu legen
und das Schnitzwerkzeug einzumotten.
Gott in ein Bild zu pressen – ein Unterfangen,
das von Anbeginn zum Scheitern verurteilt wäre.
Nur die Dichter ließ man an der langen Leine.
Dem Wort misstraute man in Sachen Gott weniger als dem Bild.
Allerdings wurde ihnen zur Auflage gemacht,
den Namen Gottes ungenannt zu lassen.
Stattdessen sollten sie ihre Phantasie bemühen
und allerlei Umschreibungen suchen,
die in Bezug auf Gott ein Körnchen Wahrheit enthalten,
ohne dass sie in der Lage wären,
sein Gottsein als solches zu beschreiben.

Die Liebe hat eine gewisse Affinität zu Gott.
Wohl keine Kultur,
die nicht zu ihren schönsten Früchten Liebeslyrik und -musik zählt.
Man möchte meinen,
was seit Jahrtausenden beschrieben, besungen, beweint wird,
sei in der Tiefe ausgelotet
und keines weiteren Wortes mehr bedürftig.
Das bloße Wort allerdings „Ich liebe dich"
ist in der Tat abgeschmackt.
Erst wenn es von zwei Liebenden gesprochen wird,
bekommt das dürre Sprachgerippe Fleisch auf die Knochen.
Gleich dem Sein Gottes bleibt die Liebe
ein lebendiges Geschehen,
wenn die Liebenden der Versuchung widerstehen,
durch Wort und Bild des Geheimnisses des Geliebten
habhaft werden zu wollen.
Wenn das Du zum Ich wird,
hat man sich in seinem Gegenüber einen Götzen geschaffen:
das Du ganz nach dem Bild des Ich.
Die Liebenden leben aus dem Kunststück,
das geliebte Du als unergründliches Geheimnis zu achten.

Die Zwänge, es zu enthüllen und
ganz in den Bereich dessen zu überführen,
was durch und durch bekannt ist und erkannt wird,
sind groß.
Man muss funktionieren,
ritualisierte Alltagsabläufe erleichtern die täglichen Verrichtungen,
vor allem aber die eigene Not:
Ich brauche dich.
Einander zu brauchen,
ist eine natürliche Mitgift des Liebens.
Aus Angst, einander zu verlieren,
zum Gebrauchsgut zu werden –
Angst klammert und
beschneidet die Freiheit zugunsten des Besitzens.
Wie Gott sich dem Bild und dem Wort verwehrt,
weil es seinem Gottsein widerspräche,
ihn auf den Begriff zu bringen oder in ein Bild zu zwängen,
so gilt Gleiches von der Liebe.

Nun braucht es wahrhaftig keinen Gott,
um zu dieser Erkenntnis vorzustoßen.
In der Erfahrung des Volkes Israel und der Christen
gerät gerade das Selbstverständliche oft unter die Räder.
In den heiligen Schriften der Juden und Christen
tritt Gott dem Menschen entgegen als Anwalt des Menschseins.
Gegen die Verzweckung des Menschen legt Gott sein Veto ein.
Im Laufe der Geschichte lernten die Gläubigen,
das Wirken Gottes zu ihrer eigenen Menschwerdung
weniger in Gewalt und Strafgericht zu sehen
als in einem aus der Liebe schöpfenden unermüdlichen Werben
um die Liebe des Menschen.
Die Theologie deutet
das unersättliche Liebesbedürfnis des Menschen,
dass es, bei aller Liebe,
schon eines göttlichen Liebhabers bedarf,
um die Sehnsucht des Menschen zu stillen.

Zwei, die sich lieben,
aber aneinander es nicht genug sein lassen,
sondern, von Sehnsucht getrieben,
nach maßloser Liebe lechzen,
die strecken sich aus nach dem Sinn von allem.
Bei diesem Suchen landet man nicht notwendig
glaubend in den Armen Gottes.
In ihrer Sehnsucht berühren sie sich
in grundlegenden Wahrheiten:
Liebe muss man konkret schmecken und fühlen
als Liebe von Mensch zu Mensch,
um das Wort Liebe mit Leben füllen zu können.
Die Liebe ist nicht in eins zu setzen mit dem Geliebten.
Ohne ihn wüsste man nichts von Liebe,
aber der Geliebte ist nicht die Liebe selbst,
nicht das Allerliebste.
In der Liebe streckt man sich nach den Sternen aus,
die Liebe sucht allem einen Sinn einzuhauchen.
Man wird liebend sehr verletzlich,
weil man auch das Böse und das Sinnlose und das Unrecht
umarmen muss, um es zu wandeln.

Dass alles sinnvoll werde,
das zu wirken,
ist eine göttliche Aufgabe.
Der Mensch überhöbe sich,
wollte er sie allein schultern.
Ob man das Ziel dieser Sehnsucht Gott nennt oder anders,
ist jedem selbst belassen.
In unserem Glauben ist es verboten,
sich von Gott und dem Menschen ein Bild zu machen,
damit die Liebe den Freiraum vorfindet,
in dem die Liebenden in Freiheit gesetzt werden,
die Frage nach dem Sinn von allem
mit Verstand und Haut und Haar zu beantworten.

Fürbitten Gott, wir bitten dich:

○ Mit deiner Treue
A bleibe bei uns, Herr.
○ mit dem Schatten deiner Flügel
○ mit deinen Engeln
○ mit deinen Wundern

○ den Sinn deiner Worte
A lass uns erfahren, Herr.
○ dass du uns erhörst

○ in der Einsamkeit
A zeige dich, Gott.
○ in Augenblicken des Glücks
○ in einem geliebten Menschen
○ im Leiden
○ im Tod
○ in einer Welt ohne Gott
○ in allem, was sich ereignet

(nach: GL [1975] 763,4; Namen-Gottes-Litanei)

Gebet

Gott mit tausend Namen,
von denen keiner dich erfasst.
In Jesus hast du dir ein Gesicht gegeben.
Sein Name heißt: Gott heilt.
Liebe heilt, Liebe erfüllt,
liebend wird Unmögliches möglich.
Im Vertrauen auf deinen Namen,
der Liebe trauend bitten wir für X und Y.
Sie vertrauen einander so,
dass sie sich versprechen,
ein Leben lang füreinander da zu sein,
so wie du uns Menschen versprochen hast,
immer und überall für uns da zu sein.
Aus ihrer Liebe entströmt Segen.
Segne du sie,
durch Christus, unseren Herrn.

SELBSTERKENNTNIS

Einführung In den Hafen der Ehe einlaufen – in früheren Zeiten in Predigten zur Hochzeit ein beliebtes Bild, um auszudrücken, dass zwei Menschen einander Heimat schenken in der Liebe des anderen. Beim anderen ankommen kann auch heißen, sich mit sich selbst auf hoher See zu befinden.

Lied Herr, unser Herr, wie bist du zugegen (GL 414)

Lesung Jak 1,19–27

Predigt
In Sachen Liebe,
zumal bei der Feier einer Hochzeit,
sind ein paar gefällige Worte schnell gefunden.
Vieles im Leben ist bruchstückhaft.
Die Liebe kittet es zu einem ansehnlichen Ganzen
und schafft dabei das mathematische Wunder,
innerhalb einer Bruchzahl
zugleich der kleinste gemeinsame Nenner zu sein,
auf den alle sich einigen können,
unbeschadet ihrer Verschiedenheit,
und mit eins geht der Nennwert, oberhalb des Bruchstrichs,
gegen unendlich.

Seit Jahrtausenden wurde die Liebe von A bis Z besungen,
in Versen verherrlicht, in Liebesgeschichten verewigt,
auf alle nur erdenkliche Art vertont, gemalt, beschrieben,
dass man denken könnte,
es reichte aus,
auf den unerschöpflichen Schatz des Überkommenen
zurückzugreifen.
Aber nein,
mit jedem Paar,
das durch die Liebe auf einen gemeinsamen Nenner gekommen ist,
hebt das unendliche Bedürfnis wieder an,
über die Liebe ausufernd sich zu ergehen.

Der christliche Glaube ist nicht das schlechteste Feld,
um auf die Liebe Schwüre abzulegen.
Gott ist Liebe, sagt der Erste Johannesbrief.
Was der liebe Gott will,
das hat Jesus auf einen Nenner gebracht:
Gott zu lieben mit ganzer Kraft und ganzem Herzen
und den Nächsten wie sich selbst.
Wenn es so einfach ist mit der Liebe,
weil auf den Nenner alle und alles zu bringen ist,
bleibt zu fragen,
warum wir uns, um Gottes willen, so schwer tun
mit dem Lieben.

Der Jakobusbrief macht sich darüber seine Gedanken.
Die große Brückenbauerin, die Liebe, versagt im Alltag.
Die reichen Christen sind
in der Gemeinde des Jakobus die AAngesehenen,
auf die armen Glaubensgeschwister sieht man herab.
Glaubensbekenntnisse werden oft abgelegt,
die das Bekenntnis beglaubigende Tat hingegen bleibt aus.
Am schlimmsten
stößt dem Jakobusbrief das Walten der Zunge auf.
Sie säuselt nicht nur Liebesworte,
oft wird sie zur züngelnden Giftspritze.
Das Getratsche, Gerede, die blinde Selbstgerechtigkeit –
sie bringen den Jakobus auf die Palme.
Und er bringt diese Lieblosigkeit in ein sprechendes Bild:
„Wer das Wort hört,
aber nicht danach handelt,
ist wie ein Mensch,
der sein eigenes Gesicht im Spiegel betrachtet:
Er betrachtet sich,
geht weg,
und schon hat er vergessen,
wie er aussah."
Unter anderem deshalb ist es mit der Liebe ein schwierig Ding,
weil sie einem den Spiegel vorhält.

Erkenne dich selbst! –
eine der Maximen der antiken griechischen Philosophie.

Sich selbst erkennen,
das ist der eine Schritt.
Der andere:
diese Selbsterkenntnis auch aushalten.
Gesehen und vergessen – das ist zum Sprichwort geworden.
Was ich von mir erkannt habe,
das will auch ausgehalten sein.
Im Spiegel dessen, der mich liebt,
erkenne ich mich als geliebten Menschen.
Spiegel aber reflektieren neben der Schokoladenseite auch
die Kehrseite der Medaille.
Geliebt bin ich nicht nur als der Liebe,
auch das Scheusal, auch der Hinterlistige,
auch der sich Verbergende,
der Ungeliebte, der Abgründige.
Liebe, das ist Balsam auf die Seele.
Unser Glaube sagt:
Bevor wir begonnen haben,
einander zu lieben,
hat Gott uns
vom ersten Augenblick unseres Daseins an geliebt.
Die Liebe schulden wir einander,
nicht weil wir alle so toll sind,
sondern weil Gott jeden Menschen liebt.
Wen Gott liebt,
wie könnte man ihn hassen!?

Liebe ist auch ein gefährliches Säurebad.
Jesus war ein Meister darin,
im Menschen das Wesentliche herauszuätzen.
Unter seiner Liebe entpuppten sich
anscheinend festgefahrene Sünder als Lieblinge Gottes.
Im Wechselbad seiner Liebe
wurde die Sünde der Frommen und Eifrigen ansichtig.
Deshalb ist es so schwer mit der Liebe.
Sie ist alles andere als ein lieblicher Zuckerguss.
Sie führt zur Selbsterkenntnis.
Sie lehrt uns,
uns zu entdecken und uns auszuhalten,
weil wir so, wie wir sind, von Gott geliebt werden.

X und Y leben aus dieser Liebe.
Deshalb versprechen sie sich heute
auf Gedeih und Verderb einander.
Uns Mitfeiernde nimmt ihr Versprechen in die Pflicht,
uns zumindest anfragen zu lassen,
die Gretchenfrage,
nicht die nach der Religion,
sondern die nach der Liebe.
Denn nur wo geliebt wird,
gibt es auch berechtigterweise etwas zu glauben.

Das ist das Gesetz der Freiheit,
von dem Jakobus spricht.
Wo Menschen sich in einem Du
liebend selbst erkennen und aushalten,
da braucht man kein Gesetz mehr,
keine Gebote und Vorschriften.
Wer das erfahren hat,
der kann nicht mehr über Leichen gehen.
Der wird aus seinem Innersten heraus das Gute tun und
lieben in Wort und Tat.
Die Liebe, der kleinste gemeinsame Nenner,
und ein gegen unendlich gehender Zähler,
weil jeder Mensch ein unendliches Universum darstellt,
das sich erst dann selbst erkennen wird,
wenn er sich unabdingbar geliebt weiß.
Das ist eine unbeschreibliche Freude,
in dem ein Kreuz umschlossen ist:
Erkenne dich selbst!

Bitten Gott hat uns berufen, nach dem Gesetz der Freiheit zu leben. Im Vertrauen darauf, dass er uns dabei unterstützt, wenden wir uns an ihn:

- Himmlischer Vater, X und Y haben einander kennengelernt in gegenseitiger Liebe und dich neu erkannt als die Liebe. Birg sie in deiner Hand.

A Herr, sende uns deinen Geist (GL 617,4)

- Uns mache schnell zum Hören, langsam zum Reden, noch langsamer zum Zorn.
- Dein Wort der Liebe hast du in uns eingepflanzt. Es bleibe nicht nur Wort, es beflügele uns zu Taten der Liebe.
- Deine Liebe wirke, dass wir frohen Herzens und aus freien Stücken uns um das Gute mühen.
- Befreie unseren Glauben an dich von allen Zwängen.
- Hilf uns, uns so zu sehen, wie du uns siehst, dass wir auch anzuschauen vermögen, was wir vergessen möchten.

Dir, guter Gott, sei Lob und Dank durch Christus, unseren Herrn.

Gebet

Gott, unser Vater,
sieh gnädig auf X und Y,
die nun im Sakrament der Ehe verbunden sind.
Gib, dass sie dir und einander treu bleiben
und den Menschen deine Güte verkünden.
Darum bitten wir durch Christus, unseren Herrn.

(nach: Die Feier der Trauung, S. 138)

FÜR IMMER?

Einführung Nie endet die Liebe, sagt der Glaube. Liebe endet, wie alles andere auch, weiß der Verstand. Ewige Liebe – gefährdete Liebe. Beides hat einen Ort in eurem Leben. Und dennoch – ihr bleibt dabei: Die Liebe hört niemals auf.

Gebet Herr, unser Gott,
wir glauben, dass es dein Werk ist, wenn Menschen in Liebe zueinanderfinden.
Öffne in dieser Feier unser Herz für dein Wort, das Wort des Lebens und der Liebe.
Darum bitten wir durch Christus, unseren Herrn.

(nach: Die Feier der Trauung, S. 99, B)

Lesung 1 Kor 12,31b – 13,13

Predigt
„Die Liebe hört niemals auf."
Nirgends hat dieser Satz einen besseren Ort
als in der Liebe zweier, die Ja zueinander sagen.
Die Behauptung nie endender Liebe wird glaubhaft
erst in einem Liebespaar.
Was sollte man dazu noch sagen?
Die Liebe spricht aus sich selbst.
Ein Blick auf X und Y,
und alles ist gesagt.
Was also noch predigen?

Ein Wort lohnte sich zu sagen,
dass diese Liebe ihren Anfang nahm,
als Trauer und Zorn und Liebe und Angst
einen gordischen Knoten um sie legten,
der lange nicht zu entwirren war.
Dieser Liebe ist ein Kunststück gelungen:
Von sich selbst entfremdet,
zu sich selbst zurückgefunden,
kraft der Liebe eines anderen.

Sehnsucht nach Liebe hält eifrigen Hausputz.
Die Schokoladenseite nach außen gekehrt,
die Fassade geschrubbt.
Das weniger Ansehnliche verkneift man sich für den Moment,
wenn die Würfel gefallen sind und
Entscheidungen getroffen wurden.
Wenn der andere einem sicher ist,
traut man sich – vielleicht –, Farbe zu bekennen.

Eure Liebe fiel in Zeiten,
wo ihr euch nicht verstecken konntet hinter schönem Schein.
„Die Liebe ist langmütig, sie ist gütig …,
sie erträgt alles, glaubt alles, hofft alles, hält allem stand."
Für euch kein frommer Wunsch,
keine schöne Redensart –
in dem Geliebten und der Geliebten an eurer Seite
hat dieses Wort Gestalt angenommen,
es ist wahr geworden.
Kein Traum – Wirklichkeit.
So einer mit dem anderen beschenkt,
dass man alles miteinander bestanden hat, kraft der Liebe,
da mag man für die Zukunft ein starkes Wort wagen:
Die Liebe hört niemals auf.

Im Trend der Zeit liegt es nicht.
Die Sehnsucht träumt und begehrt Unendlichkeit.
Die Wirklichkeit sträubt sich und hält dagegen:
Auch Liebe hört auf.
Niemals hört sie auf, die Liebe.
Ein ungedeckter Wechsel.
Wie könnte ich für mich und du für dich
und wir füreinander die Hand ins Feuer legen,
dass uns unterwegs miteinander nicht die Puste ausgeht
und einer dem anderen hinterherhinkt,
bis man sich verloren hat?
Möglich ist es.
Ist es nicht auch wahrscheinlich?
Der Verstand sagt: Ja.
Die Liebe: Nein.
Nie, niemals hört sie auf, die Liebe.

Noch ein Wort wäre zu sagen an dieser Stelle.
Denkwürdig:
Paulus sagt nicht:
Die Liebenden hören niemals auf zu lieben.
Er sagt:
Die Liebe hört niemals auf.
Damit stößt er ins gleiche Horn
wie Schlager und Songs aus dem Heute:
Sie besingen die Liebe.
So als ob die Liebe größer wäre als die Liebenden.
So als ob sie heute zueinander Ja sagen,
in der Erfahrung dessen,
was sie Liebe nennen,
deren Reichtum sie aber noch nicht ausgelotet haben.

Auch sagt Paulus nicht:
Vieles erträgt die Liebe, manches,
das meiste, oder des Öfteren erträgt sie etwas;
ohne Einschränkung setzt er im Roulette des Lebens alles
auf eine Zahl in einer Farbe:
Alles erträgt die Liebe,
sie glaubt alles,
alles hofft sie,
alles erträgt sie.
Niemals, nie hört die Liebe auf, niemals.

Wie kann ein Mensch *nie* sagen?
Das Leben nötigt ihm Kompromisse ab.
Manchmal muss man sich drehen,
wie ein Fähnchen im Wind,
um nicht unter die Räder zu kommen.
Das Sowohl-als-auch
ist ihm näher als dieses kompromisslose Entweder-Oder.
Die Liebe hört niemals auf.
Kann man sich diesen Traum in dieser Welt leisten?

Hätte Paulus die Liebe besungen und
Liebende dabei im Blick gehabt,
hätte man ihm seinen Überschwang nachgesehen.
Das Loblied der Liebe aber stimmte er an

für Menschen wie dich und mich,
für die Christen der Gemeinde in der alten Hafenstadt Korinth.
Sie waren sich alles andere als grün.
Intrigen, Unduldsamkeit, Niedertracht, Feindschaft,
Beziehungskuddelmuddel –
die ganze Palette des Menschlich-Allzumenschlichen
brachten sie aufs Tapet.
Und anstatt tiefzustapeln
und zu versuchen, diesen widerspenstigen Haufen Menschen
auf den kleinsten gemeinsamen Nenner zu bringen,
pokert Paulus auf alles oder nichts
und legt die Messlatte am höchsten Punkt an.
Die Liebe hört niemals auf.
Gesprochen zu Korinth in eine Gemeinde,
in der man sich die Köpfe einschlug.

Jenseits des Selbstverständlichen am Tage einer Hochzeit gilt es,
ein letztes Wort zu sprechen:
Die Liebe hört niemals auf –
das gilt für X und Y genauso
wie für jeden ihrer Gäste.
Wären wir bereit,
so wie wir dasitzen,
unsere Unterschrift unter das zu setzen,
was die beiden uns vorgeben?
Entspricht es unserer Erfahrung,
dass wir unser Leben auf diesen Satz gründeten,
der nie endenden Liebe?
Das ist Glaubenssache.
In der Tat.
Wider so manche schwergewichtige Erfahrung
in allem auf Liebe zu setzen – …?

Die Liebe hört niemals auf.
Am eigenen Leib hat Paulus diese Erfahrung gemacht.
Sprichwörtlich ist sie geworden:
Vom Saulus zum Paulus.
Ein Mensch, der gewandelt wurde.
Immer noch derselbe Saul, aber nicht der Gleiche,
Paul eben.

Wie heißt das Zauberwort?
Was ließe einen glauben,
dass der Liebende alles vermöchte?
Es ist die Erfahrung unbedingter Liebe.
Als Paulus vor Damaskus
durch ebenjene Erfahrung unbedingter Liebe
vom hohen Ross stürzte,
krempelte dies sein Leben um.
Unbedingt geliebt zu sein,
ohne Wenn und Aber –
gäbe es dies,
dann wären wir frei.
Was könnte uns dann noch ängstigen?

Paulus hat sie erfahren,
diese unbedingte Liebe.
Er kann nur davon erzählen,
was diese Erfahrung in ihm bewirkt hat.
Wer es nicht erfahren hat,
dessen Sehnsucht wird schmerzlich geweckt,
oder seine vielfachen Enttäuschungen wittern Lüge
in allzu großherzigen Versprechen
und spucken bitter diesen Satz aus,
dass die Liebe niemals aufhöre.

Geliebt wird immer konkret.
Liebe erfordert zwingend einen Liebhaber.
Der Glaube des Paulus identifizierte
diese unbedingte Liebe mit Gott.
Die Liebe ist unendlich viel größer als die Liebenden.
Wir sind mit unserer Lebensgeschichte,
gleich wie sie verlaufen ist,
ob wir Paulus beipflichten oder widersprechen,
unendlich geliebt –
die These christlichen Glaubens schlechthin.

Der Verstand wiegt sich in Bedenken, aus guten Gründen.
Liebende sind bereit,
ein Risiko einzugehen und auf alles oder nichts zu setzen:
weil das,

was sie schon an Liebe erfahren haben,
sie hoffen lässt,
weiter und weiter, ein Leben lang, in der Liebe zu wachsen,
auf der Suche nach jener Liebe,
die unbedingt jeden Menschen liebt.

Liebe X, lieber Y,
Sakrament nennt die Kirche euer Jawort
in der Hoffnung auf unbedingte Liebe.
Sacramentum – wörtlich heißt es Fahneneid.
Ewige Treue, wie Soldaten sie schwören,
bis zum Tod.
Nur dass,
in der Sicht des Glaubens,
Gott uns Menschen diesen Eid geleistet
und uns in Jesus Christus demonstriert hat,
was Liebe alles erträgt, glaubt und hofft,
bis in den Tod hinein.
Euer Versprechen heute steht
vor dem Hintergrund des Schwures Gottes zu allen Zeiten.
Die Liebe hört niemals auf.
Eure Liebe, euer Versprechen, euer Glaube –
das gibt uns allen zu denken.
Die Liebe hört niemals auf.
Niemals.

Lied Der Herr wird dich mit seiner Güte segnen (GL 452,1.3–4.7)

Gebet Allmächtiger Gott,
sende uns den Heiligen Geist und entzünde in unseren Herzen das Feuer deiner Liebe, damit unser Sinnen und Trachten suche, was dir gefällt, und wir dich aufrichtig lieben in unseren Schwestern und Brüdern. Darum bitten wir durch Jesus Christus, unseren Herrn. *(MB II, S. 1113, Nr. 41)*

DAS A UND O: TREUE

Einführung Von unterschiedlicher Herkunft, verschiedene Temperamente, ganz eigene Lebensgeschichten – und doch eine Erfahrung: Alles steht und fällt mit der Liebe. Treue beweist Liebe. Liebe macht treu. Auf einen Liebenden muss Verlass sein. Das hat sich in eurer Liebe bewahrheitet.

Anrufung Herr, du bist treu.
(GL 677,3; linke Seite unten, bis Ende des Abschnitts)

Gebet Allmächtiger Gott,
aus der Vergangenheit und in der Gegenwart wissen wir um Menschen, die im Glauben an deine Liebe und Treue gelebt haben. X und Y vertrauen einander, sie vertrauen dir.
Erfülle an ihnen deine Verheißung.
Sei für sie da, weil du sie liebst.
Darum bitten wir durch Christus, unseren Herrn.

Lesung 1 Joh 4,7–21

Predigt
Einander geschenkt – füreinander geschaffen.
X spricht aus, was Y gerade denkt,
und umgekehrt.
Zwei im Gleichklang.
Sie verstehen einander,
ohne viele Worte machen zu müssen.
Und wenn ein Wort das andere gibt,
nimmt ein Lachen von allem die Schwere.
Bevor aus einer Mücke ein Elefant geworden ist,
hebelt der Humor allen Dissens aus den Angeln.
Beiden ist die Gabe gegeben,
über sich selbst zu lachen.
Das tilgt alle Wurzeln möglicher Entzweiung.
Das umgibt die beiden mit liebenswürdigem Charme.

Dabei sind sie keine Kinder des Glücks,
denen alles wie Sterntaler in den Schoß fiele.
Keine Senkrechtstarter,
dafür redliche Arbeiter.
Kein krisengeschütteltes Paar,
aber zwei,
die wissen,
dass Disziplin und Beständigkeit Schlüssel zum Erfolg sind.

Einander liebend,
sich ergänzend,
sich verstehend,
im Einklang der Herzen,
im Zusammenspiel der Gedanken und Wünsche,
sehr verschieden und gerade so füreinander bestimmt –
diese erstaunliche Harmonie baut in ihren vielfältigen Akkorden
auf einem Grundton auf:
Treue.

Kann man sich trauen?
Auch in Dissonanzen, gewagten Tonfolgen,
im Rausch der Klänge, in der Kargheit weniger Töne,
in allem bleibt Liebe Liebe,
in allem bleibt der Partner vertrauenswürdig.
Kein frommer Spruch,
sondern die Quintessenz ihrer beider Leben.
Auf vieles können sie verzichten,
eines wollen sie niemals missen:
dass auf einen Menschen an ihrer Seite Verlass ist.
Verlässlichkeit und Treue
machen aus dem Leben zu zweit ein Fest.

Alles schön und gut.
Nun sind wir in der Kirche.
Wo, um Gottes willen, bleibt Gott?
Was, in Gottes Namen,
wäre darüber hinaus aus dem Glauben zu sagen?
Nichts, was nicht schon gesagt wäre:
Treue.

Gott verspricht sich dem Menschen als der,
der immer und überall für ihn da sein wird,
als der, der er ist, als Gott.
Wie ist Gott für die Menschen?
Treu.
Weil treu,
ist Gott Liebe,
ohne Treue keine Liebe;
weil Gott Liebe ist,
wird er geehrt,
wenn der Mensch dem Menschen treu ist.
Gott lieben, die Menschen lieben –
da passt kein Blatt dazwischen.
Den Menschen mit Füßen treten,
die Hände zum Gebet falten –
eine lieblose Heuchelei.
Gott fallen lassen,
aus zig guten Gründen möglich.
Aber dennoch die Menschen lieben,
auch so hätte man Gott die Ehre gegeben.
Gott und die Menschen keines Blickes mehr zu würdigen,
das allein wäre schlimm,
dann bliebe nur noch Bitterkeit oder Nabelschau.
Dann könnte man sich in einem lieblosen Universum
nur selber lieben.
Aber wer glaubte sich diese Liebe schon,
wenn kein Du da wäre,
das einem in die Hand verspräche:
Auf mich ist Verlass.

Zu einer Märchenhochzeit fromme Kindermärchen?
Keine Kindereien,
wohl aber Kindsein;
nicht kindisch,
aber kindlich.
Was würde aus uns gestandenen
Mannsbildern und Frauensleuten,
bliebe uns nur noch das,
was wir haben,
das, was wir leisten,

das, was wir wissen –
zu wenig zum Leben,
zu viel zum Sterben.
Sie lässt uns Erwachsene Kind sein –
die Liebe,
die Treue.
Was wäre das für ein Leben,
wo wir beide vermissen müssten?!

Nicht nur für X und Y ist das ein Schreckgespenst.
Nach dem christlichen Glauben tut Gott nichts anderes,
als uns daran zu erinnern,
was wir selbst an sich wissen könnten,
aber gern bereit sind zu vergessen:
dass die Treue, auf die Kinder bauen,
und Liebe, wie sie Kinder schenken,
keine Kindereien sind,
sondern Lebenselixier
und alles einen galligen Beigeschmack bekäme,
wenn man sich auch Liebe verdienen müsste.
Gott ist treu.
Gott ist Liebe.
Da mag der Mensch machen,
was er will,
Gott geht alle seine Wege mit,
alle.

Bei aller Liebe,
den Weg muss letzten Endes jeder Mensch gehen,
verlässlich werden, um lieben zu können,
nicht weil Gott es von ihm will,
sondern weil der Mensch ohne Treue und Liebe
nicht Mensch wird und bleibt.

In der Liebe zwischen zweien
geht es um mehr als um ein Glück zu zweit.
Das ganze Menschsein steht auf dem Spiel.
Gott ist Liebe.
Wo zwei sich lieben,
ehren sie Gott

und sie werden und bleiben Mensch.
Ein schöneres Zeichen der Hoffnung ließe sich kaum denken.

Lied Herr, du bist mein Leben (GL 456)

Gebet Gott, du Vater aller Menschen,
in dir leben wir, in dir bewegen wir uns und sind wir.
Sieh in unserer Mitte X und Y, die sich gefunden und füreinander entschieden haben. Verbinde du sie zu einem Leben in gemeinsamer Liebe und Treue, halte deine Hand schützend über diesen Bund und lass sie darin deine Liebe erfahren.
Darum bitten wir durch Christus, unseren Herrn.

(nach: Die Feier der Trauung, S. 99, A)

Segensbitte Der Herr sei vor euch,
um euch den rechten Weg zu weisen.

Der Herr sei neben euch,
um euch in die Arme zu schließen
und euch zu schützen vor Gefahren.

Der Herr sei hinter euch,
um euch zu bewahren
vor der Heimtücke des Bösen.

Der Herr sei unter euch,
um euch aufzufangen,
wenn ihr fallt.

Der Herr sei in euch,
um euch zu trösten,
wenn ihr traurig seid.

Der Herr sei um euch herum,
um euch zu verteidigen,
wenn andere über euch herfallen.

Der Herr sei über euch,
um euch zu segnen.

NICHT DIE BESTE ALLER WELTEN, UND DENNOCH ...

Einführung Heute schon gefreut? X und Y muss man das nicht fragen. Nach Frohem zu suchen, liegt ihnen im Blut. Seit sie ein Paar sind, sind der Freude durch ihre Liebe keine Grenzen gesetzt. Viele freuen sich heute mit euch. Gott hat seine Freude an euch. Frohe Menschen, liebende Menschen – für uns Christen ein großer Schatz.

Lobgesang Psalm 150 (GL 616,6) *mit Kehrvers:* Die Freude an Gott ist unsere Kraft (GL 624,5)

Gebet Gott, unser Vater,
du Ursprung alles Guten, was wir sind und haben, kommt von dir. X und Y verdanken dir ihr Leben und ihre Liebe.
Lehre uns, die Wohltaten deiner Güte zu sehen, und gib, dass wir dich mit aufrichtigem Herzen und mit allen unseren Kräften lieben.
Darum bitten wir durch Christus, unseren Herrn.

(nach: MB II, S. 1111, B)

Lesung Kol 1,12;3,12–17

Predigt
Die Hauptstadt Griechenlands, Athen,
ist benannt nach Athena,
einer Tochter des obersten Gottes, Zeus.
Eines ihrer Attribute ist die Eule,
Sinnbild der Weisheit.
In ganz Athen wimmelte es in der Antike von Eulenbildnissen.
Trüge jemand Eulen nach Athen,
täte er etwas ganz und gar Sinnloses.
Was allen bekannt ist,
das machte ein solcher Mensch aufs Neue bekannt.

Eulen nach Athen getragen,
das wäre es auch,
euch, liebe X, lieber Y,
über das zu predigen,
was zwischen euch das Band der Liebe
geknüpft und gefestigt hat:
die Freude am Leben.
Sie steht euch ins Gesicht geschrieben.
Das nicht nur am Tag eurer Hochzeit.
Die Freude ist gleichsam eine Mitgift,
die jeder von euch in das gemeinsame Leben einbringt,
weil sie auf je eigene Art schon von jeher
euer beider Leben geprägt und getragen hat.
Sie gründet nicht
in einer Art Friede-Freude-Eierkuchen-Haltung,
nach dem Motto,
die Welt ist schön,
weil ihr so naiv wäret
und ihre Schatten ausblendetet.
Das Fundament eurer Freude liegt in dem Bewusstsein,
getragen zu sein, Vertrauen haben zu dürfen.
Dieses Urvertrauen bedarf keines weiteren Kommentars,
der es nur zerreden würde.
Es ist ein Geschenk,
so leben zu dürfen,
in Freude.

Es ist ein noch größeres Geschenk,
diese Freude mit einem anderen Menschen zu teilen.
Wenn zwei heiraten,
setzt alle Welt das stillschweigend voraus:
Vertrauen, Liebe, Freude.
Man nimmt an,
kein Hochzeitspaar säße in der Kirche oder
vor dem Standesbeamten,
dem diese Dreiheit Fremdwörter wären.
Etwas für euch zu sagen –
nichts einfacher als das:
Lebt das miteinander,
was jedem Einzelnen von euch wie eine zweite Haut anliegt:

die Freude in ihrer Vollendung,
die Liebe.

Auch über die Liebe Worte zu verschwenden,
wäre, wie wenn man Eulen nach Athen trüge.
Über die Liebe ist alles gesagt,
zumindest, was Liebende angeht.
Im stinknormalen Alltag,
geschweige denn in den Niederungen der Politik,
sieht das anders aus.
Alle Welt sehnt sich nach diesem Zwillingspaar,
Liebe und Freude.
Nicht immer, dass es sich zeigt.
Was für Liebende Lebenselixier ist,
ist für die alltäglichen Abläufe eher Sand im Getriebe.
Interessen werden abgesteckt,
Macht verteilt,
Konkurrenten muss man sich erwehren,
harte Entscheidungen stehen an.
Statt das Gute zu wählen,
lassen die Umstände nur zu,
dem kleineren Übel den Vorzug zu geben.
Plötzlich heißt es:
Kann ich mir Liebe und Freude leisten?
Ist der Preis nicht zu hoch?
Was eben noch in Kirchenmauern
als das A und O angepriesen wurde,
noch garniert mit der Botschaft,
es gebe einen Gott, und der sei die Liebe schlechthin,
das wird im Alltagsleben in dieser reinen Form
an vielen Stellen fragwürdig.
Dort,
wo geliebt wird,
ist eine Frucht der Liebe, die Freude, kein Wunder.
Wo von Liebe und Freude nur noch
eine utopische Sehnsucht bleibt,
treten andere Lebenshaltungen auf den Plan,
die einen nicht unbedingt glücklich machen,
aber dazu taugen,
auch die Härten des Lebens, besser gewappnet, zu ertragen.

Der Brief an die Kolosser hat einen durchwachsenen Alltag
von Christengemeinden im Blick.
Die erste Liebe ist verflogen.
Die Welt ist auch nach Christus keine bessere geworden.
Jeder hat seine Macken.
Man geht sich auf den Geist.
Die berüchtigte falsch ausgedrückte Zahnpastatube am Morgen
löst größere Emotionen aus als die Visionen des Glaubens.
Liebe und Freude wurden ordentlich zurechtgestutzt.
Aus christlichen Überfliegern
sind ganz stinknormale Leute geworden,
mit Problemen wie jedermann.

„Bekleidet euch mit Geduld!"
Das mach mal,
wenn du einen Typen nicht riechen kannst.
„Ertragt einander, vergebt euch gegenseitig!"
Eine anstrengende Geschichte.
Warum diese Mühe schultern?
Warum die Nervensäge neben mir nicht links liegen lassen?
Was gehen mich all diese schrägen Vögel an?
Ich bleibe unter meinesgleichen.
Um Gottes willen,
sagt der Kolosserbrief,
lasst andere an eurer Freude und Liebe teilhaben.
Um uns und in uns ist ein Gott,
dem am Menschen liegt.
Er liebt dieses Wesen Mensch.
Er liebt es so,
dass er selbst Mensch wurde.
Freude, Leidenschaft, Liebe –
für diesen Gott mehr als schöne Worte.
Sie beschreiben sein Wesen.
Diese Liebe hat er sich etwas kosten lassen:
das Leben.
Menschwerdung, Tod, Auferstehung Jesu Christi –
der Kolosserbrief sagt,
wer das glaubt, wird versuchen,
die Kreise seiner Liebe und Freude über die Geliebten
weiter zu ziehen.

Von mir aus betrachtet,
scheidet sich die Welt in Freund und Feind,
in nahe und ferne,
in Geliebte und solche, denen gegenüber ich gleichgültig bin.
Von Gott aus gesehen,
ist jeder Mensch geliebt.
Gott macht aus Fremden Brüder und Schwestern.

Ist es nicht utopisch,
Liebe so auszudehnen?
In einer Welt,
wo Flugzeuge vom Himmel fallen,
Menschen Amok laufen,
Kriege Länder verheeren,
Gewalt für viele Alltagserfahrung ist
und Armut grassiert –
spricht eine solche Welt nicht gegen
einen lieben und liebenden Gott?
Ja!
Diese und tausend andere Argumente
lasten schwer auf dem Glauben.
Liebende handeln in all diesen Fragen anders,
ohne sie zu verschweigen.
Um des Geliebten willen engagieren sie sich,
hoffen selbst noch dort,
wo andere schon aufgegeben hätten.

Liebe und Freude haben ihre eigene Logik.
Gott sei Dank!
Wäre es anders –
diese Welt wäre um etliches ärmer.
Wie man die Welt verändert?
Durch Vertrauen, durch Liebe, in Freude.
Eine Aufgabe für Titanen, unmenschlich?
Nichts tun,
außer heute, morgen, übermorgen
immer und immer wieder beginnen
zu lieben, zu vertrauen, sich an dieser Welt zu erfreuen.
Eure Freude, eure Liebe, X, Y,
von Gott her betrachtet,

ein Anruf an uns alle,
zu unseren Wurzeln zurückzukehren,
zu lieben,
zu vertrauen.
In diesen beiden Haltungen wird der Mensch zum Menschen.
Gott tut nichts anderes,
als uns daran zu erinnern,
was im Alltag und unter Lieblosigkeit in Vergessenheit gerät
und die Welt unmenschlich macht.
Ein schöneres Zeichen dieses Erinnerns als euch beide
hätte er uns nicht schenken können.

Lied Lobe den Herren (GL 392)

Bitten Lasst uns beten zu Gott, der uns liebt und der uns erwählt hat:

- Vater, wir danken dir mit Freude für die Liebe, die zwischen X und Y gewachsen ist. Sie bleibe der tragende Grund ihres Lebens. Sie mache ihre Freude groß und ihre Lasten leicht.

A Der Herr hat Großes an uns getan (GL 69,1)

- Öffne ihre Herzen und Hände, um barmherzig fremde Not zu lindern. Erfülle sie mit Güte und Demut, einander in Liebe zu dienen. Milde und Geduld mögen ihr Wesen prägen.
- Die Freude am Leben und die Erfüllung durch Liebe helfe uns, uns anzunehmen, zu vergeben, zu ertragen.
- Nie fehle die Liebe zwischen X und Y. Niemand unter uns bleibe ungeliebt zurück.
- Liebende leben in Frieden. Mögen ihn alle spüren, die bei X und Y zu Gast sind.

Gott, wir vertrauen auf deine liebende Gegenwart. Darum preisen wir dich, heute und alle Tage und in Ewigkeit.

Gebet

Allherrschender Gott,
du hast die Welt geschaffen
und ordnest ihren Lauf.
Erhöre unser Gebet:
Bewahre X und Y ein frohes Herz
und die Liebe, die sie verbindet.
Schenke unserer Zeit deinen Frieden
und lass uns voll Freude
deine Barmherzigkeit preisen.
Darum bitten wir durch Christus, unseren Herrn.

LIEBE KOMMT VOM HÖREN

Einführung Worte haben Macht. Worte haben euch zusammengeführt. Was ihr voneinander gehört habt, hat Liebe geweckt. Liebe vertraut dem Wort, sie vertraut dem, der es spricht. Heute werdet ihr einsilbig. Ja! Ja zu dem Menschen, den ihr liebt.

Kyrie Der in seinem Wort uns hält (GL 164)

Gebet Gott,
wir vertrauen Jesus, deinem Wort. Seit er dich Vater nannte, dürfen wir zu dir, unserem Vater, beten.
X und Y vertrauen deinem Wort, sie trauen ihrer Liebe.
Wir bitten für sie, dass dieses Vertrauen, auf das Wort des anderen hin, sich Tag für Tag bestätige.
Durch Christus, unseren Herrn.

Lesung Eph 5,1–2.8–13

Predigt
Das Auge entscheidet auf den ersten Blick:
Der ist mir sympathisch,
die lässt mich kalt,
wie attraktiv!,
der oder die? – lieber nicht.
X, du hattest bei Y auf Anhieb die besten Karten.
Bei ihm – Liebe auf den ersten Blick.
Während du, Y,
wäre es bei diesem ersten Ansehen geblieben,
leer ausgegangen wärest.
Nicht mein Typ,
dachte die,
die jetzt hier neben dir sitzt.
Allein vom Sehen her wäret ihr nicht zueinander gekommen.
Es brauchte das Ohr, das Hören.
Zu Zeiten, die eine Flatrate nicht kannten,
hätte eure Liebe euch leicht an den Bettelstab gebracht.

Ihr hattet euch etwas zu sagen,
so viel und so gehaltvoll,
dass ihr über eurem Sprechen die Zeit vergessen hattet.
Was bei untergehender Sonne begann,
endete oft mit der aufgehenden des nächsten Morgens.
Wer ist die,
in die ich mich Hals über Kopf
auf den ersten Blick verliebt habe?
Wer ist der,
zu dem ich Distanz gewahrt hatte?
Was das Auge sah,
wurde vom Ohr geprüft, korrigiert, vertieft.
Ihr musstet Worte suchen,
in denen ihr euch einander verständlich machen konntet.
Ihr hattet ein offenes Ohr,
das dem anderen eine Chance gab,
sich zu offenbaren,
wer er ist.
Ihr habt wachen Auges Zeit miteinander geteilt,
um Wort und Tat zu vergleichen.
Tut der Geliebte,
was er sagt?
Entspricht ihr Wort ihrem Handeln?
Eure Interessen, eure Faibles,
was euch mit Leidenschaft erfüllt,
eure Ängste, was ihr nicht abhaben könnt –
Worte für eure Person, für eure Sicht der Dinge,
bis ihr einander in der Tiefe verstanden hattet.

In dieser Feier verdichten sich alle Worte zu einem einzigen:
Ja!
Ich liebe dich.
Das,
was ihr voneinander gehört und gesehen,
was ihr miteinander erlebt habt –
das ermutigt euch,
euch einander ein Wort zuzusprechen,
dessen Konsequenzen weit über das hinausgehen,
was ihr absehen könnt.
Ja zu dir – für die Dauer meines Lebens.

Man muss einander gut zugehört haben,
um sich zu trauen,
sich ein solches Wort zu schenken:
für das ganze Leben –
nur du und ich mit dir.

Sich verständigen,
sich verständlich machen –
unser ganzes Menschsein hängt daran,
ob dies gelingt.
Finde ich Worte,
die mich aussagen in dem,
wer ich bin?

Wer ich bin? –
Worte dafür finde ich erst,
wenn ein anderer ein Wort sagt,
wer ich für ihn bin.
Mich preisgeben in einer Tiefe,
die mich verwundbar macht –
ein Risiko.
Darf ich darauf vertrauen,
dass alles mit Wohlwollen betrachtet
und mit Verständnis gehört wird –
ich erlebe mich anders,
ich werde ein anderer,
weil in der Liebe alles anschaubar wird,
alles gehört und erhört werden kann.

Kommunikation –
das lateinische *communio* steckt darin:
Gemeinschaft.
Verständigung und Verständnis bringen zusammen.
Liebe schafft Gemeinschaft,
die bindet und gleichzeitig freigibt.
Das rechte Wort hat euch
den richtigen Blick füreinander geschenkt.

Ein Wort des Glaubens zu eurem Jawort:
Bei aller Selbstbestimmung, bei allem Selbststand –

eine Abhängigkeit bleibt, unser Leben lang:
Welche Worte werden zu uns gesprochen?
Wie finde ich mich in diesen Worten wieder?
Getragen, verletzt, verkannt, erkannt?
Der christliche Glaube:
Bevor ein Wort über mich gefallen ist,
hat Gott sein Wort zu mir gesprochen:
Du bist willkommen,
du bist geliebt.
Nichts und niemand darf dir das streitig machen:
Du hast ein Anrecht auf ein gutes Wort.
Gott spricht es zu jedem Menschen.
Alle sind ihrer Würde nach vor Gott gleich.

Kommunikation ist bestimmt von Sympathie und Antipathien,
von Verträglichkeit und Unverträglichem.
Nicht jeder kann mit jedem.
Niemand aber sollte für den anderen ein Wort haben,
das ihn in seiner Würde kränkt.
Der Glaube versucht eine Gemeinschaft zu stiften
von universalem Charakter:
Wohlwollen mit allen Menschen,
weil Gott allen wohl ist.
Solche gelungene Kommunikation wie zwischen euch beiden,
liebe X, lieber Y,
soll uns, aus Sicht des Glaubens,
Augen und Ohren öffnen für die Vision einer Verständigung,
die Frieden verheißt unter den Menschen.
Die Ehe ist eine Form,
sich in diese Sicht der Dinge einzuüben:
jeder Mensch – Gottes geliebtes Kind.

Bitten Zu unserem Herrn Jesus Christus lasst uns beten:

○ Herr, segne unsere Hände, dass sie behutsam seien, dass sie halten können, ohne zur Fessel zu werden, dass sie geben können ohne Berechnung, dass ihnen innewohne die Kraft, zu trösten und zu segnen.

A Komm, Herr, segne uns.

- Herr, segne unsere Augen, dass sie Bedürftigkeit wahrnehmen, dass sie das Unscheinbare nicht übersehen, dass sie hindurchschauen durch das Vordergründige, dass andere sich wohlfühlen können unter unserem Blick.
- Herr, segne unsere Ohren, dass sie deine Stimme zu erhorchen vermögen, dass sie hellhörig seien für die Stimme in der Not, dass sie verschlossen seien für Lärm und Geschwätz, dass sie das Unbequeme nicht überhören.
- Herr, segne unseren Mund, dass wir dich bezeugen, dass nichts von ihm ausgehe, was verletzt und zerstört, dass er heilende Worte spreche, dass er Anvertrautes bewahre.
- Herr, segne das Herz von X und Y, dass es Wohnstatt sei deinem Geist, dass es Wärme schenken und bergen kann, dass es reich sei an Verzeihung, dass es Leid und Freude teilen kann.

Lob und Preis sei Gott, dem Vater, durch unseren Herrn Jesus Christus. *(nach: GL 13,3)*

Gebet

Wir danken dir, Herr, unser Gott, dass du der Ehe zwischen Mann und Frau eine hohe Würde geschenkt hast. Erhalte X und Y ihr Leben lang in gegenseitiger Liebe. Begleite ihren Weg mit deiner Gnade und mache ihr Leben zu einem Zeichen deiner Liebe und deines Friedens in dieser Welt. Das gewähre uns, Herr, unser Gott, der du lebst und herrschst in Ewigkeit.

(nach: Die Feier der Trauung, S. 95, A)

THEORIE UND PRAXIS

Einführung In der Theorie lässt sich die Praxis gedanklich beherrschen. Die Praxis spottet der Theorie und geht ihre eigenen Wege. Je höher das Ideal, desto prekärer das Praktische. Ihr habt Mut bewiesen, euch für eure Hochzeit zwei Texte aus der Heiligen Schrift zu wählen, die diesen Spagat zwischen Theorie und Praxis in der Liebe bis zum Zerreißen probt. In eurer Lebens- und Liebesgeschichte findet das Ideal der Liebe seinen konkreten Ort.

Gebet Herr des Himmels und der Erde,
dein Sohn, Jesus Christus, hat uns das Gebot der Gottes- und Nächstenliebe aufgetragen als die Erfüllung des ganzes Gesetzes. X und Y machen sich gemeinsam in ihrer Ehe auf, dieses Gebot mit Leben zu erfüllen.
Steh ihnen und uns bei, dass wir durch die Liebe gewandelt werden zu neuen Menschen.
Darum bitten wir durch Christus, unseren Herrn.

Lesungen 1 Kor 12,31b – 13,13; Mt 19,3–6

Predigt
Da die Theorie – hier die Praxis.
Die Theorie:
Erster Korintherbrief.
Liebeslied über die Liebe – allgemein.
Liebe erträgt alles, glaubt alles, hofft alles, hält allem stand,
hört niemals auf,
übertrumpft alles,
das Größte von allem.
Glaubte einer an Gott bis in die letzte Faser seiner Existenz,
bliebe sein Glaube aber lieblos –
alles Schall und Rauch,
selbst das,
was hier in dieser Kirche wieder und wieder gepredigt wird –
das Gottvertrauen.

Ohne Liebe – alles null und nichtig.
Liebe – das Maß aller Dinge.
Man hört es gern.

Bei eurer Hochzeitsfeier,
liebe X, lieber Y,
nichts selbstverständlicher als das,
denn die Liebe allgemein
hat in eurer Liebe eine konkrete Gestalt gefunden.
Nicht dass ihr schon alles ausgeschöpft hättet,
was Liebe im Sinne des Paulus und seines Hoheliedes der Liebe
im Ersten Korintherbrief bedeuten kann,
ihr seid dem aber dicht auf der Spur.

Die Praxis:
Jesu Wortgefecht mit den Pharisäern.
Matthäusevangelium.
Gescheiterte Liebe.
Nichts geht mehr.
Die Eheleute –
keine gleichberechtigten Partner,
alles hängt am Mann.
Zwei Rechtsschulen interpretieren das Wort Gottes,
die Heilige Schrift,
und kommen zu unterschiedlichen Ergebnissen:
Die des Hillel ist geneigt,
die Gebote Gottes so auszulegen,
dass möglichst viele sie zu halten vermögen.
Die des Schammai hält nicht viel von Zugeständnissen.
Was Hillel weit auslegt,
das fasst Schammai eng am Wortlaut des heiligen Textes.
Keine Trennung von der ungeliebten Ehefrau,
außer sie habe Ehebruch begangen.
Hillel hingegen:
Wenn eine Ehe zerrüttet ist,
bringt es nichts,
sie künstlich aufrechtzuerhalten.
Wenn der Mann nicht mehr mag,
was immer seine Gründe seien,
kann er seine Frau mit einem Scheidungsbrief

aus der Ehe entlassen,
sodass sie sich wieder neu verheiraten kann.
Keine Ehe – keine materielle Versorgung.
Wer nahm damals schon eine Ehefrau aus zweiter Hand?
Was musste das für eine Frau sein,
die ihr Mann auf Dauer nicht ertragen konnte?
Besser also, die Zähne zusammenzubeißen und
bei seiner Frau zu bleiben,
als dass diese entehrt auf der Straße landete, ohne Sicherheit –
die Position Schammais.
Der Vorteil der Hillelschule:
Wo man sich nur noch auf die Nerven geht,
gleich was der Grund sein mag,
ist Trennung besser als erzwungenes Zusammensein.
Die Schriftgelehrten wollen Jesus
in diesen schwelenden Streit der Rechtsschulen hineinziehen.
Ihre Hoffnung:
Er wird sich eine Blöße geben,
sich angreifbar machen.
Sie könnten dann diesen widerspenstigen Rabbi anklagen,
er habe die Heilige Schrift nicht recht ausgelegt.
Der angeblich im Namen Gottes kommt und Wunder wirkt,
kann nicht von Gott sein,
weil er mit dem Wort Gottes im Clinch liegt.
Und gerade mit der Heiligen Schrift
hebelt Jesus alle Parteien aus.
Mann und Frau – ein Fleisch.
Ein Fleisch,
das heißt
von gleicher Würde.
Entwürdigt der Mann seine Frau,
schneidet er sich ins eigene Fleisch.
Der Streit zwischen Hillel und Schammai
ist ein Kurieren an Symptomen.
Der eigentliche Krankheitsherd:
Wenn eine Frau rechtlich
nur als Besitz und als austauschbar betrachtet wird,
was sowohl bei Schammai als auch bei Hillel der Fall ist,
war von Anfang an keine Liebe im Spiel.
Wo die Liebe fehlt,

geht die Gemeinschaft zwischen Mann und Frau
am Sinn des göttlichen Gebotes vorbei.

In der Praxis
geht es nicht primär um Liebe.
Ganz andere Interessen
bestimmen uns in den Bereichen unseres Lebens.
Oft denken wir:
Liebe kann ich mir nicht leisten.
Die Welt ist hart.
Jeder muss sehen,
wo er bleibt.
Da hört man die Theorie,
wie Paulus sie im Korintherbrief beschreibt,
mit anderen Ohren.
Wer sich an der Liebe messen lassen will,
kann in Teufels Küche kommen.
Entscheidungen werden fällig.
Was kann ich mittragen?
Wo müsste ich mich,
um Gottes willen, verweigern?

Auch hat Paulus das Hohelied der Liebe
nicht Liebenden auf den Leib geschrieben.
Er spricht es für die Christen in Korinth,
die heillos zerstritten sind.
Was ist die rechte Deutung des Willens Jesu Christi?
Vier Gruppen streiten heftig darum.
Dazu eine Menge anderer Probleme:
Die Reichen teilen nicht mit den Armen.
Christen verklagen Christen vor heidnischen Gerichten,
anstatt alles zu tun,
um sich miteinander zu versöhnen.
Gemessen am Gebot Jesu,
der Gottes- und Nächstenliebe,
dass in diesem einen Gebot alle Gebote zusammengefasst sind –
die Liebe, die größte von allen –,
kann in Korinth keiner bestehen.
Nicht die einzelnen Streitfragen sind das Problem,
sondern das mangelnde Wohlwollen,

die fehlende Bereitschaft, aufeinander zuzugehen,
um Jesu willen,
auch wenn man sich nicht leiden kann.

Theorie und Praxis,
beide an der Liebe gemessen –
wir könnten Litaneien von Fällen herbeten,
wo die Liebe unter die Räder gekommen ist.
Deshalb:
Wo immer Menschen,
wie ihr beide, liebe X, lieber Y,
sich Jesu Gebot zu eigen machen –
Gott und den Nächsten lieben wie sich selbst;
Glaube, Hoffnung, Liebe,
an diesen drei hängt alles,
die größte aber ist die Liebe –
und danach zu leben trachten,
setzen sie ein Zeichen.
Es bleibt glaubwürdig,
wenn die Gottes- und Nächstenliebe
nicht beim Ehepartner stehenbleibt,
sondern zum Maß aller Dinge wird.
Das verändert das Leben.
Es macht es reicher,
führt von der Oberfläche in die Tiefe.
Man wird auch anstößiger und angefeindeter,
denn zwischen Theorie und Praxis klafft so mancher Graben.
Heute feiern wir,
dass ihr ein Leben lang miteinander versuchen möchtet,
über diese Gräben Brücken zu schlagen.
Für uns alle eine Herausforderung und Ermutigung,
unser ganzes Leben an der Liebe auszurichten und
messen zu lassen.

Lied Lass uns in deinem Namen, Herr, die nötigen Schritte tun (GL 446)

Lobpreis Gott hat uns geformt und mit Atem belebt
(GL 678,4; Mitte der linken Seite bis zum Ende des Abschnitts auf der rechten Seite)

Gebet

Gott,
du liebst deine Geschöpfe, und es ist deine Freude, bei den Menschen zu wohnen.
Gib uns ein neues und reines Herz, das bereit ist, dich aufzunehmen.
Darum bitten wir durch Christus, unseren Herrn.

(MB II, S. 286)

GESETZ CONTRA LIEBE

Einführung Liebe befreit und braucht Freiheit, um Liebe zu sein. Liebende binden sich in Liebe und unterstellen sich einem Gesetz. Muss freie Liebe jede Bindung verneinen um der Liebe willen? Nicht für euch. Lieben heißt für euch, sich binden und verantwortlich sein füreinander.

Lied Gott, der nach seinem Bilde aus Staub den Menschen macht (GL 499)

Gebet Jesus Christus hat gesagt:
„Sorgt euch nicht um euer Leben!
Ängstigt euch nicht!
Euch soll es um das Reich Gottes gehen,
das Reich der Gerechtigkeit,
der Liebe und des Friedens,
dann wird euch alles andere dazugegeben."
Darum beten wir:
Gott.
Wir fürchten,
wenn wir uns auf dich einlassen,
wird unser Leben noch schwerer.
Wenn wir uns in Dienst nehmen lassen für dein Reich,
kommen wir selbst zu kurz.
Ihre Liebe hat X und Y von dieser Sorge und Angst befreit.
Mache auch uns frei von aller Angst,
denn dir allein gehört die Zukunft.
Das gewähre uns durch Christus, unseren Herrn.

(nach: MB II, S. 320, Nr. 40)

Lesung Gal 5,13

Predigt

Der Traum von einem ungetrübten Glück:
das Paradies, Arkadien, das Goldene Zeitalter.
Die Welt scheidet sich dem Menschen nicht in
Freund und Feind;
kein Lebewesen frisst das andere;
auf Schutz kann jeder getrost verzichten;
Nacktheit – Sinnbild des Ausgeliefertseins –
im Paradies ein Ausdruck allumfassender Freiheit.
Nichts gibt es zu fürchten,
gegen niemanden muss man sich verteidigen.
Alles Leben entfaltet sich zu seiner Fülle hin.

Urvertrauen –
jedem Menschen wünschte man,
er dürfte in einer solchen Haltung aufwachsen,
dass alles und jeder ihm wohlgesinnt sei.
Wie viel hängt zu Beginn unseres Lebens daran,
dies erfahren zu dürfen.
Wie tief sind die Wunden,
am Vertrauen nur gebrochen teilhaben zu können.
Ein ganzes Leben lang schmerzen sie.
Die Liebe zweier Menschen
holt einen Schimmer des verlorenen Paradieses
auf die Erde zurück.
So aufeinander vertrauend, weil einander liebend,
dass, allen Gegenargumenten zum Trotz,
X und Y sich für ein Leben lang versprechen,
ohne die Konsequenzen ihres Versprechens
berechnen zu können.

Manche Philosophen sagen,
wo immer Menschen vertrauen,
sind sie von der Hoffnung beseelt,
allem vertrauen zu wollen,
weil sie daran glauben möchten,
alles habe einen Sinn.

Sollte alles einen Sinn haben –
religiöse Menschen sagen,

dann gibt es einen Gott.
An einen Gott glauben heißt,
auf Gott zu vertrauen.
Vertrauen darf ich,
wenn ich der Überzeugung bin:
Der, dem ich vertraue,
meint es gut mit mir.
Gott glauben,
auf Gott vertrauen –
weil dieser Gott jeden Menschen und alles liebt.
Zwei lieben sich,
und liebend hoffen sie,
dieses ganze Leben habe einen Sinn.

Als Christen seht ihr diesen Sinn in Gott.
Gott ist Liebe.
Geliebt von Gott – einander liebend:
das Paradies – Freiheit.
Aneinander gebunden,
gibt jeder den anderen frei,
Mensch zu werden.
Nur im Gebundensein der Liebe wird Freiheit geschenkt.
Liebe bindet und gibt frei.
Die Freiheit folgt dem Sich-Binden
wie dem Einatmen das Ausatmen.
Solche Freiheit hat ihren Preis.
Die Liebenden verzichten auf Fangnetze und Sicherungsseile.
Wenn man sich in der Liebe rückversichert –
Paulus umschreibt dies mit dem Begriff „Gesetz".
Aus einer Unsicherheit,
was in dieser und jener Situation das Gott Wohlgefällige ist,
erschließt man aus den heiligen Schriften der eigenen Religion,
was, in Gottes Namen, zu tun und zu lassen ist.
Ab einem bestimmten Zeitpunkt
wird aus einem hilfreichen Regelwerk
der starre Panzer eines unübersichtlichen Wustes an Gesetzen.
Nur Experten können die rechten Wege weisen,
wie man recht an Gott glauben kann.
Was mit der Zeit auf der Strecke bleibt –
die Liebe.

Ihr fehlt die Luft zum Atmen,
weil man die Liebenden ihrer Freiheit beraubt hat.
Je mehr Gesetz,
desto größer die Unsicherheit.
Unsicherheit gebiert Furcht.
Furcht ist eine Feindin der Liebe.
Mit „Fleisch" meint Paulus all jene Lebenshaltungen,
wo einer auf Kosten des anderen lebt,
wo anstelle von Wohlwollen Misstrauen regiert,
wo der, den man lieben möchte,
einen das Fürchten lehrt.

Paulus hat in Galatien einen anderen Glauben verkündet.
Gott liebt den Menschen.
Jeden Weg,
den der Mensch sich zu gehen entscheidet,
geht Gott mit.
Wo er in Liebe gegangen wird,
befördert er ihn,
wo er aus der Liebe herausführt,
strengt sich dieser Gott mit aller Leidenschaft,
deren ein Liebhaber fähig ist, an,
aus dem Menschen wieder einen Liebenden zu machen.
Paulus entkernt aus dem Glauben an Jesus Christus heraus
das ganze Glaubensgebäude seiner eigenen Religion,
des Judentums.
Von allen Gesetzen lässt er nur eines gelten:
Gott zu lieben und den Nächsten wie sich selbst.
„... durch die Liebe diene einer dem anderen."

Liebe X, lieber Y,
was es heißt,
einander zu vertrauen in Liebe
und durch dieses Vertrauen frei zu werden,
das erlebt ihr miteinander.

Weil ihr dies erlebt,
sagt ihr heute „Ja“ zueinander.
Weil ihr eurer Liebe traut,
wird das Paradies ansichtig.

Wenn wir vom Paradies träumen,
werden wir von der Sehnsucht ergriffen,
allem und jedem zu vertrauen.
In eurer Liebe wird uns Gottes Liebe spürbar.
Liebe dieser Art macht verletzlich,
weil sie sich nicht durch Werke des Gesetzes absichert
und allem fleischlichen Begehren Einhalt gebietet,
das heißt all jenen Bestrebungen,
die uns der Liebe entfremden.
Nur in der Liebe schmecken wir jene Freiheit,
in der jeder von uns zu seinem vollen Menschsein erblüht.

Fürbitten Gott beruft uns zur Freiheit und zur Liebe. Ihn wollen wir bitten:

- Zur Freiheit berufen, in Liebe zusammengeführt, bitten wir für X und Y um jene Zuversicht, in aller Angst und Furcht an ihre Liebe zu glauben und dir, der Liebe, zu vertrauen.

A Wir bitten dich, erhöre uns.

- Der Liebe ist das Herrschen fremd, ihr Sinn ist auf das Dienen gerichtet. Einander zu dienen auf dem Weg der eigenen Menschwerdung, bleibe die Sehnsucht von X und Y in ihrer Ehe.

- Das Gesetz klagt eine Ordnung ein, der Liebe ist es ein inneres Bedürfnis, das Gute zu tun und achtsam zu werden in der Begegnung von Mensch zu Mensch. Die Liebe von X und Y schaffe jenen Raum, in dem Menschen aufatmen, ihre Freiheit entdecken, ihre Berufung verspüren und Geschmack daran finden, selbst zu lieben.

Dir, Gott, sei Lob und Dank in Ewigkeit.

Gebet

Herr, unser Gott,
sende uns den Geist der Einsicht, der Wahrheit, der Liebe und des Friedens. X und Y haben in diesem Geist erkannt, dass sie füreinander bestimmt sind und haben sich in Liebe angenommen.
Hilf uns, unsere Berufung zu erkennen und liebend einander zu dienen.
Darum bitten wir durch Christus, unseren Herrn.

PARADIESISCH

Einführung Vom Paradies träumen viele. Nur wenigen wird ihr Traum Wirklichkeit. Sie erkaufen es sich. Es beginnt mit Geld und endet, wenn es verbraucht ist. Liebe schafft ein Paradies ganz anderer Art. Sie nennt den Geliebten beim Namen und birgt ihn im Herzen. Ins Paradies kommen wir nie mehr zurück. Zu viel an Lieblosigkeit lastet auf unserer Geschichte. Man kann sie weder ungeschehen machen noch vergessen. Liebend den Apfel vom Baum der Erkenntnis gegessen, statt ihn sich anmaßend selbst zu pflücken, und ein fremder Mensch wird so vertraut, als ob er Bein von meinem Bein, Fleisch von meinem Fleisch wäre.

Gebet Gott,
du hast uns beim Namen gerufen. Unsere Namen sind in deine Hand geschrieben. Immer erinnerst du dich unser.
Deshalb leben wir.
Darum lieben wir.
X und Y haben sich bei ihren Namen gerufen.
Liebend sind sie miteinander vertraut geworden.
Diese Liebe bleibe ihnen lebendig.
Diese Liebe mache sie gesund und heil.
Darum bitten wir durch Christus, unseren Herrn.

Lesung Gen 2,15–24

Predigt
Im alten Orient war es so:
Wer die Macht hat,
etwas oder jemandem einen Namen zu geben,
der oder das gehört ihm.
Alles gehört mir.
Wenn alles mir gehörte –
paradiesische Zeiten.
Die ganze Welt –
Eigentum des Menschen.

Selbst im Paradies,
so berichtet das Buch Genesis,
war dem Menschen alles nicht genug.
Etwas fehlte.
Jemand fehlte.
Die Crux des Menschen:
Er ist nicht Mensch aus sich selbst heraus.
Er wird erst Mensch,
wenn er sich in einem anderen Menschen erkennt.
Das Griechische hat dafür einen Begriff geprägt:
Ekstase.
Ekstasis heißt wörtlich:
aus sich herausgehen.
Der Mensch muss aus sich heraus,
um bei sich zu sein.
Ich weiß erst,
wer ich bin,
wenn ein anderer zu mir sagt,
du bist der und der.
Bei aller Selbstgenügsamkeit –
der Mensch genügt sich nicht selbst.
Erst die Liebe macht das Paradies paradiesisch.
Liebe ist nicht ein Ding unter vielen,
der Mensch wird erst dann zum Menschen,
wenn er liebt,
aus sich herausgeht,
sich als liebenswert in einem anderen erkennt.
Euch beiden,
liebe X, lieber Y,
ist es geschenkt worden,
dass ihr einander liebt.
Eine Ahnung von dem,
was das Paradies sein muss,
wird in der Liebe ansichtig.
Die Bibel sagt:
Der Mensch kann sich, geliebt, trauen,
nackt zu sein,
ohne sich schämen zu müssen.
Nichts muss bedeckt, verborgen, geschönt werden.
Alles ist gut,

wenn man es mit liebendem Blick betrachtet.
Der christliche Glaube schenkt
ein vertieftes Verständnis von der Liebe.
Er sagt:
Bevor wir begonnen haben,
einander zu lieben,
sind wir schon geliebt von Gott.
Zu jedem Menschen hat Gott sein Ja gesprochen.
Weil von Gott geliebt,
besitzt jeder Mensch eine Würde,
die ihm niemand streitig machen darf.
Wenn ihr in der Kirche
aus diesem Glauben zueinander Ja sagt,
dann bezeugt ihr damit,
dass ihr euch von Gott geliebt wisst.
Ihr werdet gleich versprechen,
als christliche Eheleute
„Mitverantwortung in der Kirche und in der Welt"
zu übernehmen,
das heißt zu versuchen,
den Menschen in eurer Umgebung
mit Wohlwollen zu begegnen –
um Gottes willen.
In diesem Bewusstsein unseres Glaubens
wird eure Liebe geweitet.
In der Art und Weise,
wie ihr den Menschen begegnet,
soll es ihnen ein Zeichen sein
für das Wohlwollen und die Liebe,
die Gott jedem Menschen schenkt.
Dann wird eure Gemeinschaft einen Raum öffnen,
wo andere Menschen zu sich selbst finden,
Luft zum Atmen und Mut zum Leben bekommen.
Ist das nicht eine Überforderung?
Es ist ganz einfach:
Das Paradies beginnt nicht dort,
wo der Mensch alles hat,
es erscheint dort,
wo Menschen einander lieben.

Fürbitten Im Vertrauen auf die Gegenwart Jesu Christi bringen wir unsere Bitten vor ihn:

- Der Mensch wird Mensch in der Einheit und Verschiedenheit von Mann und Frau. Liebe versöhnt das Gegensätzliche und lässt die ursprüngliche Einheit spüren. X und Y mögen, in Liebe geeint, ihre Verschiedenheit entdecken als Quell ihrer Liebe.

A Meine Hoffnung und meine Freude (GL 365)

- Nackt werden wir in die Welt geboren, nackt scheiden wir aus ihr. Erfülle X und Y mit deiner Liebe, damit sie Vertrauen fassen, dass du ihr Anfang bist und ihr Ende in Leben wandeln wirst.

- Jeder Mensch trägt einen Namen. Wenn wir beim Namen genannt werden, erinnert man sich an uns und unsere Geschichte. Nie wirst du unsere Namen vergessen. Du erinnerst dich ständig an uns, weil du uns liebst. Stärke unseren Glauben, festige unsere Liebe.

Herr Jesus Christus, durch dein Kommen hat Gott uns seine Treue bezeugt. Ihm sei Lob und Preis in Ewigkeit.

Gebet Guter Gott,
schenke X und Y deinen Segen, damit sie Zeugen deiner Menschenfreundlichkeit und Güte werden. Erneuere die Kirche durch die Kraft des Heiligen Geistes und führe sie durch den Wechsel der Zeiten. Gestalte unser Herz nach dem Evangelium Christi und schenke uns jene Liebe, an der die Welt die Jünger Christi erkennen soll.
Darum bitten wir durch ihn, Christus, unseren Herrn.

(nach: GL 22,2)

KOSMISCHE HARMONIE

Einführung Glauben – eure Lebenshaltung;
Beten – eure Praxis;
Gott – euch kein Fremdwort;
die Welt – euer Lebensraum, eure Lebenszeit.
Geerdet fromm – euer Christentum.
Mit euch blicken wir von der Erde zu Gott und versuchen, uns besser zu verstehen, wenn wir Gott verstanden haben.

Lesung Röm 15,1b–3a.5–7.13; Mt 7,21.24–29

Lied Gott liebt diese Welt (GL 464)

Predigt

Parmenides, ein Gelehrter aus den Anfängen der Philosophie, lehrte: Das Weltall ist geordnet nach dem Maß der Zahlen. Musik im Aufbau der Töne lässt sich mathematisch beschreiben. Klänge korrespondieren mit Zahlenwerten. Der Kosmos erklingt in universaler Harmonie. Der Mensch empfindet das, was nach Maß und Zahl geordnet ist, als schön und wohltuend. Sein Gefühl sucht auf anderem Wege dasselbe zu erleben, was seine Vernunft nach festen Regeln zu erkennen und zu beschreiben sucht.

Im Christentum hält sich die Auffassung, der Dienst der Engel im Himmel sei ein Singen und Spielen vor dem Angesicht Gottes. Die kosmische Harmonie spiegelt die vollkommene Schönheit und den vollendeten Wohlklang Gottes, ihres Schöpfers, wider. Wo immer auf Erden Menschen betend sich nach Gott ausstrecken, nehmen sie teil am immerwährenden Gebet der Engel und Heiligen im Himmel, in seiner erhabensten Form, als Gesang und Musik.

Klangvolle Sprache,
wie wird sie erlebt?
Wenn das letzte Wort eines Textes gelesen worden ist,
der gelesene Text in der Erinnerung nachklingt,
der Leser nach eigenen Worten,

nach einem persönlichen Ausdruck sucht,
um anderen das mitzuteilen, was das Gelesene ihm bedeutet.

Bewegende Musik,
wie wird sie gehört?
Wenn der letzte Ton gespielt ist
und die ganze Komposition nachhallt im Erinnern.
Text und Musik sind dann vollendet,
wenn sie nicht mehr da sind,
sich aufgelöst haben,
um anwesend zu sein in den Hörenden und Lesenden.
Text, Musik,
nicht mehr äußerlich,
sondern verinnerlicht.
Scheinbar nicht mehr da,
in Wirklichkeit intensiv erlebt und verarbeitet.
Verklungen,
doch unsichtbar anwesend im Nachklang in den Hörenden.
Text und Musik sind ein Teil des Menschen selbst geworden.

Wann hat ein Mensch seine Lebensmelodie gefunden?
Wenn er nicht mehr ausschließlich bei sich ist,
sondern bei einem anderen Menschen
und dieser andere sich verschenkt an den,
der ganz außer sich war,
nur um zu ihm zu finden.
Liebe in ihrer vollendeten Gestalt:
Der Mensch kommt in Einklang mit sich,
wenn er liebend außer sich ist
und sich geliebt geschenkt bekommt;
wenn die Melodik des Universums die seine geworden ist.

Auch die Eucharistie bringt dies auf den Punkt.
Jesus ist dann ganz anwesend,
wenn er abwesend scheint:
Gott lässt Korn und Trauben wachsen,
der Mensch empfängt diese Früchte der Erde,
bearbeitet und veredelt sie zu Brot und Wein.
Das Korn und die Traube
sind als solche nicht mehr zu erkennen,

aber in Brot und Wein präsent.
Der Mensch schenkt sie Gott zurück
als Symbol seiner Dankbarkeit
für das Leben und die Freude.
Brot und Wein,
in diesen Gaben gibt sich der Mensch selbst
Gott zum Geschenk.
Sie sind mehr als die Materie,
aus der sie bestehen.
Sie tragen den Menschen als Geber in sich.
Gott reicht sie dem Menschen zurück als Leib und Blut Christi,
als Jesus selbst,
der sich gibt, indem er sich verschenkt,
in dem sich Gott ganz gibt.
Sich selbst verschenkend wird er unsichtbar –
Leib Christi in Brotgestalt wird gegessen,
Blut Christi in Gestalt des Weines wird getrunken,
um auf andere Art und Weise sichtbar zu werden,
in den Menschen, die ihn empfangen haben,
aus ihm leben,
mit ihrer Person Jesus eine Gestalt geben.
Außerhalb der Kirche
verschenkt sich der Gläubige an seinen Nächsten
und vollzieht so die Eucharistie in seinem Alltag,
damit andere leben können,
wenn sie erfahren,
dass sie geliebt sind,
weil einer sich ihnen ganz gibt.
Die Materie ist nicht nur das,
was sie ist.
In ihr gibt sich eine andere Wirklichkeit,
um so im Innersten eines Menschen anzukommen,
zu einem Teil von ihm zu werden,
die Musik,
der Text,
ein Mensch,
Jesus,
Gott.
Alle sind ineinander verwoben.
Gottes Melodie liegt als Grundton in allem.

In der Kirche
das Bild des gekreuzigten Jesus.
Schrille Disharmonie.
Das Böse zeigt sich an einem Menschen,
der daran zerbrochen ist.
Gott wird durch all die vielen Kreuze,
die Menschen einander aufladen,
aus der Materie vertrieben.
Der Gekreuzigte ist der Auferstandene.
Selbst dort,
wo Gott abwesend ist,
ist er anwesend.
Er ist dort,
wo niemand ihn vermutet.
Er schenkt Hoffnung,
wo man alle Hoffnung fahren lässt.
Er siegt in seiner Liebe,
wo man ihm die bitterste Niederlage bereitet hat.
Im christlichen Glauben kann selbst das Kreuz
durch Gottes Gegenwart im gekreuzigten und auferstandenen Jesus
aus Nazaret
noch von Gott sprechen,
auf Harmonie hoffen lassen,
vom Leben singen.

X, Y, ihr beide seid geprägt
vom Glauben an den dreifaltigen Gott der Liebe,
bis in die tiefste Seele eurer Existenz von der Musik geformt,
durch eure Berufe verwurzelt in den Fakten dieser Welt.
Euer Ja zueinander ist mehr
als ein Vertragswerk zwischen zweien;
aus der Sicht des Glaubens
kommt in eurer Ehe eine kosmische Harmonie zum Klingen
als Zeichen der Hoffnung für eine Welt,
in der das Selbstverständliche nie selbstverständlich ist:
Leben, Liebe, Sinn, Gott.
Der menschgewordene Gott, der vergöttlichte Mensch,
die erlöste Materie, die Auferstehung des Fleisches,
die radikale Endlichkeit, die geglaubte Ewigkeit,
die ohnmächtige Liebe, die Macht der Liebe in ihrer Ohnmacht –

die Liebe führt zusammen,
was wir aus vielerlei Gründen und Erfahrungen trennen,
was aber nicht getrennt werden kann,
weil einer vom anderen lebt.
In eurem liebenden Ja
bringt sich der unsichtbare Gott zu Gehör,
in eurem Leben
scheint Jesus, der Gekreuzigte und Auferstandene, sichtbar auf.
Euer Vertrauen aufeinander wird transparent
auf ein Vertrauen hin,
das dem ganzen Universum einen Sinn zuspricht.
In eurer Wirklichkeit gibt sich wirklich Gott.
In eurer Liebe zeigt uns Gott,
dass er alle liebt.

Text Sonnengesang des hl. Franziskus (GL 19,2)

Gebet Barmherziger Gott,
was kein Auge geschaut und kein Ohr gehört hat, das hast du denen bereitet, die dich lieben.
Gib X und Y und uns allen ein Herz, das dich in allem und über alles liebt, damit wir den Reichtum deiner Verheißungen erlangen, der alles übersteigt, was wir ersehnen.
Darum bitten wir durch Christus, unseren Herrn.

(nach: MB II, S. 288)

ICH BIN SO FREI

Einführung Der Glaube an Gott – das Ende menschlicher Freiheit? Im Gegenteil: Glaube bedingt Freiheit. Liebe setzt frei. Ihr beide seid der lebendige Beweis dafür.

Lesung Gal 5,1.13.22f; 6,9f

Text vor der Predigt

Dann sprach Almitra abermals und sagte:
„Und was ist mit der Ehe, Meister?“
Und er antwortete und sprach:
„Ihr seid zusammen in die Welt gekommen,
und ihr werdet auf immer zusammen sein.
Ihr werdet zusammen sein,
wenn die weißen Schwingen des Todes eure Tage zunichtemachen.
Ja, ihr werdet selbst zusammen sein
im stummen Gedenken Gottes.

Haltet jedoch Räume frei in eurem Beisammensein
und lasst die Winde des Himmels zwischen euch tanzen.
Liebt einander, aber die Liebe soll euch nicht in Fesseln legen:
Lasst sie eher ein Meer sein,
das zwischen den Ufern eurer Seelen wogt.
Füllt einander die Becher, aber trinkt nicht aus einem.
Gebt einander von eurem Brot, aber esst nicht vom selben Laib.
Singt und tanzt zusammen und seid voll Freude,
aber der eine lasse den anderen auch für sich,
so wie die Saiten einer Laute für sich sind
und doch im Akkord erschallen.
Schenkt euch eure Herzen,
aber gebt sie nicht in des anderen Obhut.
Denn nur die Hand des Lebens kann euer Herz halten.
Und steht zusammen, jedoch nicht zu nahe beieinander:
Denn die Säulen des Tempels stehen für sich,
und Eiche und Zypresse wachsen nicht im Schatten des andern.“

(Khalil Gibran)

Predigt

An der Schwelle vom 19. zum 20. Jahrhundert steht der Dichter Khalil Gibran. Er ist Christ, seine Heimat der Libanon. Festgefügte Traditionen, über Jahrhunderte gewachsen, sanktioniert durch die Kirche, bestimmen das Leben. Junge Leute werden verheiratet. Die Ehe führt Familien und Vermögen zu größerer Macht zusammen. Nach Liebe fragt keiner. Keiner fragt die Liebenden. Die Jungen müssen tun, was die Alten beschlossen haben.

Was uns als Selbstverständlichkeit erscheint, hatte zur Zeit Khalil Gibrans revolutionären Klang: Liebe braucht Freiheit. Sie gestaltet sich ihren Raum nach eigenem Gesetz. Konventionen und Traditionen stehen unter der Liebe, nicht über ihr. Liebe im Dienst der Macht wird selbst zu einem Instrument des Herrschens. Wird sie erzwungen, löst sie sich auf.

Gibrans Zeiten sind nicht unsere. Und doch hat sein Gedicht in euren Herzen, liebe X, lieber Y, einen Widerhall gefunden.
Eure Liebe lebt aus der Verschiedenheit eurer Persönlichkeiten. Die Dinge sind in euren Augen nicht festgefügt und unverrückbar:
immer die Neugierde und Wissbegier,
hinter die Kulissen zu schauen,
den Dingen auf den Grund zu gehen,
statt sie als gegeben hinzunehmen.
Wo der eine sich sorgt,
beruhigt der andere.
Die Schwäche eines von euch trifft auf die Stärke des anderen
und lässt sich von ihr ermutigen,
über sich selbst hinauszuwachsen.
In andere Länder reisen,
anderen Menschen begegnen,
ihre Kulturen entdecken:
Euch beiden ist das Reisefieber gemeinsam.
Vor allem:
Weil ihr euch aufeinander verlassen könnt,
schenkt ein jeder dem anderen Freiheit.
Zusammen sein und den eigenen Weg gehen;
eins werden und verschieden bleiben;
sich binden, um frei zu werden;
zwischen euch tanzende Winde und wogendes Meer –

Kreativität, Phantasie und das tägliche Erleben.
Der andere bleibt, bei aller Vertrautheit, ein Geheimnis,
das immer einlädt, es zu entdecken.
Zwei Liebende und der Raum der Liebe,
jene Freiheit, die erst die Liebe gewährt.

Der christliche Glaube sagt:
Gott ist die Liebe.
Wenn Gott Liebe ist,
dann ist er auch Freiheit.
Zwei Liebende – Gott Vater, Gott Sohn –
im Raum ihrer Liebe – Gott Heiliger Geist.
Liebe zwischen zweien vollendet sich als dreifaltige Liebe.
Sich binden an Gott,
um frei zu werden als Mensch.
Geheimnis des Glaubens,
Geheimnis der Liebe –
Liebe und Freiheit – siamesische Zwillinge.
Allzu oft gegeneinander ausgespielt:
Freiheit als Beliebigkeit zerstört die Liebe,
ohne die das Freisein immer auf Kosten anderer gelebt wird.
Liebe ohne Freiheit pervertiert zu Herrschaft.
Die Angst vor Verlust der Liebe,
der andere in seiner Fremdheit als Bedrohung –
der Liebe Tod.

Euch beiden gehen sie von jeher zusammen.
Ihr habt ein ganzes Leben Zeit,
miteinander zu entdecken,
was es heißt,
zu lieben und frei zu werden.
Euer freies Ja in Liebe zueinander
in der Kirche vor Gottes Angesicht,
eine Ermutigung, der Liebe selbst zu trauen,
die freigibt,
um Mensch zu werden:
Gott.

Fürbitten Die Liebe ist es, die frei macht. Deshalb bitten wir Gott, der die Liebe ist, für dieses Paar:

- Zur Freiheit befreit in Liebe und durch Liebe bitten wir für X und Y um jenes Vertrauen, das sie jetzt schon trägt, dass es sie immer tragen möge.

A Du sei bei uns in unserer Mitte (GL 182,2)

- Einander in Liebe dienen, damit jeder sich selbst zu finden vermag, das zeichne ihre Ehe aus.
- Freude erfülle ihre Herzen, Sanftmut präge ihr Wesen, Güte bestimme ihren Umgang, Treue sei ihr Markenzeichen.
- Nicht müde werden mögen beide, das Gute zu tun, dass ihre Liebe auch anderen diene und sie ermutige, liebend zu leben und liebend frei zu werden.

Darum bitten wir durch Christus, unseren Herrn.

Gebet Gott, unser Vater,
du hast uns durch deinen Sohn erlöst und als deine geliebten Kinder angenommen.
Sieh voll Güte auf alle, die an Christus glauben, und schenke ihnen die wahre Freiheit und das ewige Erbe.
Darum bitten wir durch Christus, unseren Herrn.

(MB II, S. 290)

KONSERVATIVER FORTSCHRITT

Einführung Religion zählt nicht zu den angesagten Themen. Christentum scheint abgewirtschaftet zu haben. Katholische Kirche, nicht der Rede wert. Durch eure Hochzeit in der Kirche sprecht ihr all dem einen Wert zu. Ein Blick in euer Leben und auf eure Liebe wird uns verraten, warum.

Gebet Gütiger Gott.
Lass dein Angesicht leuchten über X und Y, die sich heute vermählen. Leite sie durch dein Wort. Segne sie durch deinen Geist. Birg ihr Leben in deiner Liebe.
Dir sei die Ehre in Ewigkeit.

(Die Feier der Trauung, S. 82)

Lesungen Röm 13,8–10; Mt 5,13–16

Predigt

Wie tickt dieser Mensch?
Was ist das für ein Typ?
Wo kann ich ihn einordnen?
Wenn ich weiß,
woran ich bei ihm bin,
kann ich entscheiden:
Lasse ich ihn an mich heran
oder halte ich ihn mir vom Leib?

Ein Marktforschungsinstitut hat in Deutschland zehn Menschentypen klassifiziert. Von jedem Typ weiß man, worauf er steht, was ihn nervt, wie er denkt, was ihn anmacht, wonach er sich sehnt. Jeder Straßenzug in Deutschland ist derart klassifiziert: Wo wohnt wer?
Unternehmen nutzen dieses Wissen, um typgerecht zu werben. Parteien greifen darauf zurück, damit sie ihren Wahlversprechen die entsprechende Verpackung geben können. Selbst Kirchen fahren darauf ab: Nach welcher Art von Weltdeutung steht den ihnen unbekannten Schafen eigentlich der Sinn? Im Hintergrund stehen immer zwei Kategorien: konservativ oder progressiv.

Liebe X, lieber Y,
eure eigenen Lebensgeschichten und eure gemeinsame Liebesgeschichte wirbeln uns die Begriffe durcheinander und verwischen die Etiketten, die man gerne jemandem schon auf den ersten Blick anheftet, um ihn einordnen zu können.

Man könnte sagen, ihr seid konservativ, als richtige Landeier aufgewachsen. Konservativ kommt vom lateinischen *servare*. *Servare* heißt: auf etwas oder jemand achtgeben. Sein Augenmerk richtet man auf das, was einem wertvoll ist.
Familie steht bei euch hoch im Kurs; Freundschaft nicht minder; gute Nachbarschaft wisst ihr zu schätzen. Weil eure Liebsten liebevoll mit euch umgegangen sind, konntet ihr Zutrauen zu euch und eurem Leben fassen.
Beziehungen bereichern in guten Tagen und tragen in schlechten Zeiten. Sie sind durch nichts aufzuwiegen. Lieber einen guten Job sausen lassen, als euch aus den Augen zu verlieren. Besser aufeinander zu vertrauen, als auf irgendetwas anderes zu bauen.
Ihr wisst, woran ihr beim anderen seid; ihr könnt euch aufeinander verlassen; Treue ist das Unterpfand der Liebe.
Eure Familien haben es euch vorgelebt. Ihr lebt es miteinander und sagt es euch heute zu. Aufeinander achten, weil euch aneinander liegt – konservativ, im besten Sinne des Wortes.

Themenwechsel: Kennen Sie dEUS? Hinter diesem Namen verbirgt sich eine ziemlich abgefahrene belgische Band, die ihren Stil aus einer atemberaubenden, eigenwilligen Collage verschiedenster Musiktraditionen mit eigener Handschrift entwickelt hat.
Sie kennen sie nicht. Ich auch nicht.
Macht nichts. Y kennt sie.
Dass sie noch jemand anders kennen könnte hierzulande, kam einer Offenbarung gleich. Keine Fata Morgana, sondern X, die einem ihr unbekannten Mann rüberchattete, wie toll ihr ebenjene Band gefalle. Dieses exotische weibliche Wesen galt es unter allen Umständen kennenzulernen. Unter dEUS-Klängen abgerockt, mit belgischen Pommes frites bis Oberkante Halskrause gefüllt, also unter denkbar progressivsten Vorzeichen keimte und wuchs binnen kurzem jene konservative Liebe, die sich getraut, im noch konservativeren kirchlichen Rahmen sich zueinander zu bekennen.

Progressiv kommt vom lateinischen *progredi. Progredi* meint: voranschreiten, Fortschritte machen.
Keine Millionenmetropole als Wohnsitz, doch eine Großstadt, wo man weltläufig sich bewegt und den Überblick behält über Freundschaften und Beziehungen, die es zu pflegen gilt.
Kein Jetset-Leben – mal hier, mal da –, wohl aber einen festen Punkt, von dem aus man die Welt bereisen und Menschen fremder Kulturen entdecken kann.
Eure Konservativität hat euch zum Progressiven ermutigt. Gebunden an Menschen und die Orte, Zeiten und Geschichten, die an ihnen hängen, wurdet ihr frei, euer Leben zu gestalten, einander zu finden und miteinander voranzuschreiten, weil ihr euch aneinander gebunden habt.

Über dem Erzählen von X und Y hat sich, unter der Hand, ein drittes lateinisches Wort eingeschlichen, im Namen ebenjener für unsere beiden so schicksalsträchtigen Band, die sich dEUS nennt.
Deus – Gott.
Die Belgier machen daraus optisch einen Wortwitz: schreiben das Anfangs-D klein, den Rest in Großbuchstaben. Göttliche Musik, aber kein Gott.
Dem wahren Gott, mit vier Großbuchstaben, sei das letzte Wort gegönnt. –
Er schweigt, wider Erwarten, weil schon alles gesagt ist.
Er setzt nur sein Ausrufezeichen dahinter: Alles steht und fällt mit der Liebe!
Als Postskriptum setzt Gott noch darunter,
ganz progressiv:
Einander seid ihr nichts schuldig.
Ganz konservativ:
Nur die Liebe schuldet ihr einander.
Ganz einsichtig:
Ohne Liebe kein menschenwürdiges Leben.
Ganz unerwartet:
Bevor wir angefangen haben,
einander zu lieben,
hat Gott uns schon geliebt.
Weil jeder von Gott geliebt ist,
schulden wir einander die Liebe,
nicht weil wir zu 100 Prozent liebenswert wären,

eher weil Gott einen Narren an einem jeden von uns
gefressen hat, so wie er ist,
und man Gott nicht, um des Menschen willen,
ins Handwerk pfuschen soll,
indem man den anderen neben sich
nicht Mensch sein lassen will.
Gott hat das die Menschen zu allen Zeiten spüren lassen.
So, wie du bist, geliebt von Gott,
geliebt, hoffentlich, um Gottes willen, von einem Menschen.

Fürbitten Nur die Liebe schuldet ihr einander." Diesen Auftrag im Herzen, bitten wir Gott:

- Familie und Freunde sind der Rückhalt für X und Y. Gehalten und getragen von dieser Gemeinschaft, begleite sie mit deinem Segen in eine Zukunft, wo ihnen viele Orte Heimat werden können, weil liebe Menschen sie in ihrem Herzen tragen.

A Du Gott des Lebens: Wir bitten dich, erhöre uns. (nach GL 556,6)

- Die Welt ist beiden voller Verheißungen. Ihre Liebe ermutige sie, ihr Leben zu leben und dabei die Menschen an ihrer Seite im Blick zu haben.
- Im Glauben an dich sind sie aufgewachsen. Ihr Vertrauen in dich wachse mit ihren Lebenserfahrungen.

Liebender Gott, auf deinen Beistand vertrauen wir, dir danken wir heute und in Ewigkeit.

Lied Bewahre uns, Gott, behüte uns, Gott (GL 453)

Gebet O Gott,
dein Bild bleibt in uns lebendig. X und Y schenken uns eine Ahnung von deiner Liebe.
Erhalte sie auf dem Weg, den du ihnen gewiesen hast, und schenke ihnen den Geist der Liebe, den sie von dir erhoffen.
Darum bitten wir durch Christus, unsern Herrn.

(nach: MB II, S. 1115)

NICHT AUF DEN KOPF GEFALLEN

Einführung So verschieden wie ihr seid, so einig seid ihr euch als Liebespaar. Dazu gibt es Geschichten zu erzählen, Geschichten eures Lebens und eurer Liebe und – Gottesgeschichten.

Gebet
Vater im Himmel,
du führst Menschen in Liebe zusammen,
schaffst Einheit in Verschiedenheit
und weckst so die Hoffnung,
dass Frieden unter uns Menschen möglich wird.
Wir danken dir für die Liebe,
die X und Y verbindet.
Sie sind ein Zeichen der Hoffnung für diese Welt.
Dir sei Ehre und Lob in Ewigkeit.

Lesung Kol 3,12–17

Predigt
Eine Hochzeit ist eine Liebesangelegenheit par excellence.
Liebe – Gefühl pur.
Wie tief ihr füreinander empfindet,
das bedarf keines Wortes,
dazu reicht ein Blick auf euch,
liebe X, lieber Y.

Bei aller Liebe –
von euch selbst sagt ihr,
ihr seid rationale Typen.
Von wachem Verstand,
überblickt ihr einen Sachverhalt im Nu
und entscheidet sachgerecht.
Ihr müsst nicht lange herumraten,
was der andere denkt und fühlt –
ihr sagt es euch und staunt nicht schlecht,
wie schnell ihr in eurer Verschiedenheit
zu gemeinsamen Entschlüssen kommt.
Der Kopf ist alles andere als eine Gefühlsbremse.

Der Kopf dient dem Bauch,
der Verstand befeuert die Liebe.

Die Lateiner übersetzen das griechische *logos* mit *ratio*.
Logos kommt von *legein*.
Legein heißt übersetzt ursprünglich „sammeln".
Heute, am Tag eurer Hochzeit,
gilt es, das, was gewesen ist, zu sammeln
und für das Gesammelte Worte zu finden,
wie sich euch wohl das Vergangene
auf eine noch verborgene Zukunft hin öffnen wird.
Und das ist die zweite Bedeutung von *legein*:
sagen, erzählen.
Wer erzählt,
tischt nicht nur Daten und Fakten auf,
er deutet zugleich die gesammelten Erlebnisse und Erkenntnisse.
Rationale Menschen also sammeln Wissen und deuten es,
indem sie davon erzählen.

Am Anfang eurer gemeinsamen Geschichte könnte man sagen:
Aller guten Dinge sind drei.
Denn erst,
als ihr euch beim dritten Mal über die Füße gefallen wart,
ist euch aus allgemeiner Sympathie Liebe geworden.
Liebend erzählt man von seinen Wurzeln.
Wo man gepflanzt und wie man aufgewachsen war –
viel Verbindendes trat zutage:
Lieb und wert sind euch eure Familien;
mit vertrauten Menschen
auf enggezirkeltem Gebiet aufgewachsen;
liebend geborgen
und noch ahnungslos von einer viel größeren Welt
außerhalb dieses geschützten Bereichs.
Wissend und spürend,
dass für jeden von euch genau diese Welt wichtig sein würde,
um euch selbst zu entdecken,
gabt ihr euch wieder frei,
Erfahrungen zu sammeln.
Als ihr euch wieder begegnetet,
mischte sich in das unerwartete Wiedersehen die Freude,

im Erzählen des anderen zu hören,
wie reich euch jene Jahre gemacht hatten,
wo jeder für sich seinen Weg gegangen war,
wie aus Personen Persönlichkeiten geworden sind,
einander liebenswert, in sich geklärt, ehrlich einer zum anderen.
Verstand und Gefühl,
Freiheit und Bindung,
keine Gegensätze,
das eine kann nicht sein ohne das andere.
Eure gesammelten Geschichten.

Dazu erzählt eine wesentlich ältere,
die des Kolosserbriefes:
„Ihr seid von Gott geliebt."
Das Fundament:
gegenseitiger Respekt.
Um Gottes willen einander achten,
weil jeder Mensch von Gott geliebt ist.

Nüchterne Realität beantwortet mit rationalem Handeln:
Nicht jeder liegt einem.
Nicht mit allem geht man überein:
„Ertragt euch gegenseitig."

Der Schlüssel zu allem:
Ich bin mit mir im Reinen.
Uneins mit sich selbst –
ein Quell für viele Zerwürfnisse und manches Missverstehen:
„In eurem Herzen herrsche der Friede Christi."

Mit sich selbst im Frieden,
geliebt von Mensch und Gott,
wird vieles Unmögliche möglich:
„Vor allem: Liebt einander,
denn die Liebe ist das Band,
das alles zusammenhält und vollkommen macht."

Liebe X, lieber Y,
in eurer Geschichte der entscheidende Punkt,
bei aller Liebe und aller Einsicht nicht zu machen:

dass ihr einander begegnet seid;
wie eine Karte, aus einem Bücherstoß herausgefallen,
Erinnerungen weckt und Brücken zueinander baut.
Dieses nicht zu Machende,
das ohne eigenes Zutun Geschenkte –
sie wecken Dankbarkeit:
„Durch Jesus dankt Gott, dem Vater!"

Vom Vertrauen zueinander ins Gottvertrauen,
dass alles gut werden wird,
obgleich nicht alles einfach ist;
dass die Liebe alles vollkommen macht,
obwohl nichts und niemand vollkommen ist.

Ermutigt durch die eigene Ratio,
die eigene Lebensgeschichte,
liebend, vertrauend, hoffend, glaubend durchs Leben gehen –
weil alles Sinn macht,
ohne alle Rätsel gelöst,
alle Leiden geheilt,
alles Böse getilgt zu haben –
so von dem gemeinsamen Leben erzählen zu dürfen,
macht über alle Maßen dankbar
und setzt Kopf und Herz ins rechte Maß,
dass man im Frieden mit sich bleibt
und deshalb Frieden halten möchte
und dadurch diese Welt und die Erzählungen unseres Glaubens
reicher geworden sind durch zwei Menschen,
die, zu sich selbst gekommen, miteinander gehen
und heute ihre ganze Rationalität
in einem Satz voller Gefühl sammeln:
Ja, ich liebe dich!

Fürbittgebet Herr,
lass das Böse geringer werden
und das Gute umso kräftiger sein.
Lass die Traurigkeit schwinden
und Freude um sich greifen.
Lass uns annehmen und geben können
und einander behilflich sein.

Lass die Missverständnisse aufhören
und die Enttäuschten Mut gewinnen.
Lass die Kranken Trost finden
und die Sterbenden deine Erbarmung.
Lass uns wohnen können auf Erden
und die Ernten gerecht verteilen.
Lass Frieden unter den Menschen sein,
Frieden im Herzen – rund um die Erde.

Lied Komm, Herr, segne uns (GL 451)

Gebet Deinem Wort, o Herr, vertrauen wir, jenem Wort der Liebe, das du X und Y zugesprochen hast. Es hat ihr Leben reich gemacht. Es möge durch sie auch andere Menschen zur Liebe befreien.
Darum bitten wir durch Christus, unseren Herrn.

LIEBENDE ANNÄHERUNG

Einführung Der Christ und die Alevitin – es ging ganz schnell, das Band der Liebe zwischen euch zu knüpfen. Es brauchte sehr lange, eure Familien zusammenzubringen. Eure Beharrlichkeit und eure Geduld wirkten Wunder. Das entscheidende Argument seid ihr selbst. Eure Liebe spricht Bände. Ihr gehört zusammen.

Gebet Gott,
unendlich größer, als wir dich denken,
unsagbar erhabener, als wir Worte für dich finden,
unglaublich liebevoller, als wir vermuten.
Du verbindest das Getrennte,
du vereinst das Verschiedene.
An X und Y hast du die Macht deiner Liebe erwiesen.
Dank sei dir, dem Geber alles Guten, durch Christus unseren Herrn.

Lesung 1 Kor 13,4–8

Predigt
Heute machen Menschen in Europa
gegen das Verbindende das Trennende stark,
geraten im arabischen Raum
durch Krieg und Bürgerkrieg Staaten in Auflösung,
zetteln West und Ost eine Neuauflage des Kalten Krieges an,
konfrontieren Flüchtende
Einheimische mit ihrer Not und Fremdheit,
wird Religion gebraucht, um Gewalt zu legitimieren,
blicken Glaubensgemeinschaften
auf ihre eigene Geschichte zurück,
in der sie, statt Frieden zu schaffen, Kriege entfesselt haben.

Heute feiern X und Y Hochzeit.
In aller Verschiedenheit
finden ihre Familien und Freunde zusammen
durch ihre Liebe,
nicht als kleinster gemeinsamer Nenner,

vielmehr als das einzig tragfähige Fundament,
auf dem man gemeinsam das bauen kann,
was sonst jeden Grundes entbehrte:
Frieden, Gerechtigkeit, Verständnis, Menschenfreundlichkeit.

An der Liebe wird alles gemessen:
alles Wissen, alles Können, selbst der Glaube an Gott.
Der Apostel Paulus sagt im Ersten Korintherbrief:
„Wenn ich in den Sprachen der Menschen und Engel redete,
hätte aber die Liebe nicht, wäre ich dröhnendes Erz
oder eine lärmende Pauke. Und wenn ich prophetisch reden könnte
und alle Geheimnisse wüsste und alle Erkenntnis hätte;
wenn ich alle Glaubenskraft besäße
und Berge damit versetzen könnte,
hätte aber die Liebe nicht,
wäre ich nichts."

Ein Nichts ist der Mensch ohne Liebe.
Ein lieblos Glaubender – ein Nichts.
Liebe an sich ist ein Ideal.
Nichts kommt ihr gleich.
Lässt es sich leben aus dem Ideal?
Findet die Liebe in dieser Welt einen Ort?
Liebe wird als Liebe erst sichtbar in Liebenden.
An Liebenden erst erkennt man,
ob Liebe hält,
was sie verspricht:
langmütig, gütig zu sein,
alles zu ertragen, alles zu glauben, zu hoffen,
allem standzuhalten.
Eure Liebe spricht Bände.
Sie wurde geprüft und hat bestanden.
Sie hat geeint, wo keine Brücken hinüberführten.
In euch Liebenden hat die Liebe ihre Macht erwiesen.

Niemand kann gegen die Liebe sprechen,
ohne sein eigenes Menschsein zu verleugnen.
Niemand kann Liebenden den Respekt versagen,
die die Liebe dort verankert haben,
wo kein Grund zu sein schien.

Liebend kommen alle überein in aller Verschiedenheit:
Aleviten, Christen, Menschen anderen Glaubens,
Menschen ohne religiöses Bekenntnis.
Der tiefste Grund,
warum nichts über die Liebe geht
und alles in ihr sein Maß findet:
Niemand hat sich selbst,
keiner ist autonom.
Immer braucht es den anderen,
der einem Menschen zuspricht,
er sei in dieser Welt willkommen,
sei gewollt, geliebt.
Ohne diesen Grund kein menschenwürdiges Leben.
Ohne Liebe –
Menschen, die in sich verkrümmt sind,
aus Not lieblos werden und handeln.
Liebende spüren:
Die Liebe ist größer als das,
was sie miteinander liebend schon erfahren und eingelöst haben.
Was ihr miteinander erfahren habt,
das ist euch Fundament,
für ein ganzes Leben lang euch liebend zuzusagen,
weil ihr aneinander gewachsen seid
und die, die euch geliebt haben,
bevor ihr einander lieben gelernt habt, eure Familien,
eurer Liebe trauen und euch in ihrem Herzen tragen.
Paulus sagt:
Alles, wessen sich Menschen rühmen,
was ihnen Anlass ist, sich über andere zu erheben,
all das vergeht.
„Jetzt schauen wir in einen Spiegel
und sehen nur rätselhafte Umrisse,
dann aber schauen wir von Angesicht zu Angesicht.
Jetzt erkenne ich unvollkommen,
dann aber werde ich durch und durch erkennen,
so wie ich auch durch und durch erkannt worden bin.
Für jetzt bleiben Glaube, Hoffnung, Liebe, diese drei;
doch am größten unter ihnen ist die Liebe."
Liebe und Gott – für Christen austauschbare Begriffe.

Alles vergeht,
nur Gott bleibt.
Weil Gott bleibt,
bleibt alles,
weil alles und jeder geliebt ist von ihm.

Liebe X, lieber Y,
dank euch,
dass ihr uns alle hier zusammengeführt habt,
dass wir uns in allem an der Liebe messen lassen,
die in euch eine so schöne,
hoffnungsvolle, liebenswerte Gestalt gefunden hat,
dass wir ermutigt werden, zu lieben und uns lieben zu lassen,
damit wir alle menschenwürdig leben können.

Alevitisches Gebet

Möge unsere Zusammenkunft lange währen.
Unsere Vorhaben mögen Wirklichkeit werden,
Trennungen mögen uns nicht treffen,
Freundschaften mögen für die Ewigkeit geschlossen werden.
Möge die Liebe, die uns zusammenführt, gedeihen.
Sie ist es, die die ganze Menschheit umarmt,
ohne auf Farbe, Sprache und Religion zu schauen.
Hass möge in Liebe, Krieg in Frieden verwandelt werden.
Kriege und Katastrophen mögen endlich beendet
und alle Bosheiten verschwunden sein.
Die Zukunft möge uns allen Geschwisterlichkeit,
Freundschaft und Wohlstand bringen.
Gib uns Fruchtbarkeit von Himmel und Erde.
Unfälle und Naturkatastrophen mögen nicht auf uns kommen.
Schenke Genesung den Kranken,
Erleichterungen den Behinderten,
Vergebung den Schuldigen,
Schutz den Waisenkindern
und Mitleid den Bösen.
Gib uns allen Ruhe und Wohlfahrt.

(gülbenk)

VERGEBLICHE LIEBESMÜH'?

Einführung Gibt's das – keiner, der zu mir passt? – Du passt zu mir!
Dazwischen liegen Zeiten der Hoffnung und Verzweiflung – und ein Gott, der das scheinbar Unmögliche möglich gemacht hat.

Gebet Gott,
Liebe ist ein Geschenk.
Du bist die Liebe.
Du schenkst dich uns.
X und Y wurden einander geschenkt.
Das lässt uns alle hoffen auf die Liebe.
Das lässt uns glauben an deine Liebe.
Dich loben und preisen wir in Ewigkeit.

Lesung Hld 8,6–7

Predigt
„Horch! Mein Geliebter!
Sieh da, er kommt.
Er springt über die Berge,
hüpft über die Hügel.
Der Gazelle gleicht mein Geliebter,
dem jungen Hirsch.
Ja, draußen steht er
an der Wand unsres Hauses;
er blickt durch die Fenster,
späht durch die Gitter.
Der Geliebte spricht zu mir:
Steh auf, meine Freundin,
meine Schöne, so komm doch! (Hld 2,8–10)

Liebe X, lieber Y,
wie lange hattet ihr beide,
bis vor einem Jahr noch nicht umeinander wissend,
euer Gehör geschärft,
ob nicht aus irgendeines Menschen Mund

ein Wort euch anspringe,
das euch so zu Herzen gehe,
dass euch vor Liebe Hören und Sehen verginge.
Wie sehr hattet ihr euch die Augen gerieben
und Ausschau gehalten nach solch einem Menschen.
Doch wer euch da,
von verschiedenen Richtungen her,
in die Arme springen wollte,
all die waren's nicht.
Die wahre Liebe schien immer an andere Türen zu klopfen.

Dabei seid ihr alles andere als Mauerblümchen gewesen.
Weil euch Liebe nicht irgendetwas ist,
sondern euch alles bedeutet,
liegt die Messlatte hoch,
die ein Liebender überspringen muss,
um euch zu erreichen.
„Leg mich wie ein Siegel auf dein Herz,
wie ein Siegel an deinen Arm!"
Am Finger trägt man den Siegelring
oder, nach babylonischer Art,
das Siegel, an eine Schnur gebunden,
um den Hals.
Nie wird es abgelegt.
Das Siegel symbolisiert die Identität seines Trägers.
Nur er darf es benutzen.
Nur er darf Schriftstücke damit als sein Wort autorisieren.
Würde ein anderer damit Schindluder treiben,
der Inhaber des Siegels
wäre vor seinen Mitmenschen diskreditiert.
Schlimmer noch:
Er könnte sich selbst nicht mehr in die Augen blicken.
Lieben heißt ja,
selbstvergessen und hingerissen ganz beim anderen zu sein,
außer mir selbst, ganz beim anderen,
weil meine Identität nur im anderen sich finden lässt.
Der Geliebte wird zum Ausweis meiner Identität.
Fragte man einen Liebenden,
wer er denn sei,
wüsste er nicht von sich zu erzählen,

ohne auch von dem zu sprechen,
den er liebt.
In der Person des einen
gibt sich auch die ganze Persönlichkeit des anderen zu erkennen.
Enttäuschte Liebe bricht die Siegel.
Zurück bleiben gebrochene Menschen.
Was es heißen kann,
unverbrüchlich beieinander zu bleiben,
das habt ihr an euren Eltern erfahren.
Die Verlässlichkeit von deren Liebe ist der Grund,
dass ihr Vertrauen gefasst habt zu euch selbst und eurem Leben.
„Jauchzen lasst uns,
deiner uns freuen,
deine Liebe höher rühmen als Wein.
Dich liebt man zu Recht."
Das zu einem Menschen ehrlich sagen zu dürfen,
darauf habt ihr gewartet.
„Böte einer für die Liebe den ganzen Reichtum seines Hauses,
nur verachten würde man ihn."
Solche Liebe ereignet sich,
sie lässt sich nicht zwingen.
Wie ungezwungen sie dann euch ins Haus stand,
gerade an dem Punkt,
an dem Hopfen und Malz verloren schien!
Alles führte in unlösbare Widersprüche.
Die Liebe schlich auf leisen Sohlen in eure Herzen:
„Des Nachts auf meinem Lager suchte ich ihn,
den meine Seele liebt.
Ich suchte ihn und fand ihn nicht.
Aufstehen will ich, die Stadt durchstreifen,
die Gassen und Plätze,
ihn suchen, den meine Seele liebt.
Ich suchte ihn und fand ihn nicht.
Mich fanden die Wächter
bei ihrer Runde durch die Stadt.
Habt ihr ihn gesehen,
den meine Seele liebt?"
An deinem Geburtstag, X, musstest du dir eingestehen,
die Frage sei mit Nein zu beantworten.
Wo reale Begegnungen ausbleiben

und selbst in virtuellen Beziehungen keine Liebe keimt,
da geht man am besten total offline.
Auch du, Y, von nicht erfüllter Liebe gebeutelt,
hattest in den unendlichen Weiten des Digitalen
die Angel ausgeworfen,
auch einer gewissen Stefanie geschrieben,
ohne Antwort, weil offline,
eine kommunikative Sackgasse.
Wie zum Trost,
immer noch auf Freiersfüßen zu stehen,
als Geburtstagsgeschenk
eine kleine Spanne online,
in der X unter siebzig anderen auch auf Y stieß.
„Kaum war ich an den Wächtern vorüber,
fand ich ihn, den meine Seele liebt.
Ich packte ihn, ließ ihn nicht mehr los ..."
Er ist es für dich, X;
sie ist es für dich, Y.
Und es begannen Monate von solcher Intensität,
aneinander endlich den gefunden zu haben,
den zu finden das Herz schon aufgeben wollte,
dass ihr einander sofort zu Siegeln geworden seid,
einander um den Arm gelegt und um den Hals gebunden.
Du gehörst zu mir.
Wir gehören zusammen.
„Stark wie der Tod ist die Liebe."
Nichts ist stärker als der Tod.
Er zerstört alles.
Bedrängendes, Gefährdendes, Zerstörerisches –
auch das ein Teil dessen,
was euch begegnet.
„Auch mächtige Wasser können die Liebe nicht löschen;
auch Ströme schwemmen sie nicht weg."
Die Liebe bietet dem Tod und den vielen Vorspielen des Todes
in den Akten der Lieblosigkeit und des Unverständlichen Paroli.
Die Liebe besiegt das Tödliche,
wandelt es in Leben.
Das Hohelied nimmt das Wort „Gott" nicht in den Mund.
Gott ist die Liebe.
Liebe spricht aus sich selbst,

in all ihren Dimensionen:
in der Sinnlichkeit ihrer Lust,
im staunenden Verweilen beim Geliebten,
im gewandelten Blick auf die ganze Welt,
im Standhalten in Lieblosigkeit,
in der Hoffnung im Leiden,
im Sieg über den,
der nicht besiegt werden kann und doch besiegt worden ist,
den Tod.
Vor aller menschlichen Liebe
von Gott geliebt,
der uns, im Glauben erkannt,
sich selbst als Siegel um den Arm legt
und uns sich um den Hals bindet,
damit er uns zu Herzen gehe.
Damit ist alles gesagt,
über die Liebe,
über Gott,
über uns Menschen.

Text Nichts soll dich ängstigen,
nichts dich erschrecken.
Alles geht vorüber.
Gott allein bleibt derselbe.
Alles erreicht der Geduldige,
und wer Gott hat,
der hat alles.
Gott allein genügt.

(Hl. Theresia von Avila)

WORTE WIRKEN WIRKLICHKEIT

Einführung Nicht eure Lebensgeschichte soll heute zur Sprache kommen, nicht eure Liebesgeschichte ist der Ausgangspunkt von allem. Gott lasst ihr das erste und das letzte Wort, jenes Wort, das von Anfang an war und ist und sein wird.

Gebet Gott,
dein ewiges Wort ist Fleisch geworden und hat als Mensch unter uns Menschen gelebt, um uns dein Wort ins Herz zu pflanzen, damit wir zu dir, zueinander und zu uns selbst finden.
X und Y stellen sich unter dein Wort, weil sie es in ihrer Liebe zueinander neu entdecken durften. Dieses Wort, Jesus Christus, öffne uns die Tür zum Leben.
Darum bitten wir durch ihn, Christus, unseren Herrn.

Lesung Joh 1,1–18

Predigt
Wer bist du?
Wie anders als sprechend ließe sich auf diese Frage antworten.
Wer ich jetzt bin,
dazu müsste ich erzählen,
wer ich einst war,
und müsste preisgeben,
wer ich künftig sein möchte.
Das Verschwiegene
wäre genauso Gegenstand meiner Ich-Erzählung
wie das Offenbare.
Für vieles in mir und an mir würden mir die Worte fehlen.
Es bliebe nur,
auf mein Handeln zu verweisen;
wäre meiner Hand Geschicklichkeit eingeschrieben,
mit Farbe und Pinsel umzugehen
oder Material modellieren zu können –
ein Bild, eine Plastik vermöchten mehr von mir zu erzählen,
als es dem Wort gegeben ist,

mich auszudrücken.
Musik spricht Bände über mich.
Wer bist du?
Aus den Schablonen der Lebenslaufdaten befreit,
denen es weniger um mich geht,
als um meine Nützlichkeit und Funktionalität zu tun ist,
entfaltete sich ein reiches Erzählen im Wort
und in anderen Ausdrucksformen,
wobei immer in Frage steht,
ob das,
was ich von mir gebe,
auch so verstanden und empfunden wird,
wie ich es meine.

Wer bist du?
Im Erzählen von mir merke ich,
wie sehr mein Reden von mir abhängt von dem,
wie ich mich empfange
im Wort und im Verhalten anderer Menschen mir gegenüber,
ja, wie prägend Raum und Zeit sind,
wie sie mir antworten oder sich in Schweigen hüllen.

Eins steht fest:
Auf den Begriff zu bringen bin ich nicht.
Kein Mensch ist von einem anderen Menschen her durch und durch erzählbar.
Wie es überhaupt erstaunlich ist,
dass ich mich nicht direkt selbst zur Anschauung bringen kann.
Ich kann mich nicht selbst zur Sprache bringen,
ohne auf ein Sprechen zurückzugreifen,
das mir vorgegeben ist.
Ich komme nur im anderen meiner selbst zur Sprache.
Es bedarf immer eines Mediums, in dem ich aufscheine.
Ohne Sprache bliebe ich unsichtbar.
Und doch:
Das Sprachbild von mir,
was sich in einem anderen Menschen bildet,
bin nicht schlichtweg ich.
Ich gebe mich sprechend,
ohne mich im Ausgesprochenen erschöpfend dargelegt zu haben.

Liebe als Vollendung des Menschen bringt es auf den Punkt.
Ich empfange mich selbst,
wenn ich selbstvergessen ganz beim anderen bin
und beglückt erfahre,
dass auch der andere, sich selbst vergessend,
ganz bei mir ist.
Der ganze Mensch mit Haut und Haar
wird zu einem einzigen Liebeswort
an den geliebten anderen.

Das korrespondiert mit der Art und Weise,
wie ich geworden bin.
Mein Sein wurde über mich verfügt.
Ich habe mich nicht selbst gemacht.
Ich bin gemacht worden.
In die Welt geworfen,
lebe ich vom ersten Augenblick so,
als müsse meiner Existenz ein liebendes Wort
vorangegangen sein,
dass ich, dem Zufall, der Laune, dem Schicksal enthoben,
gewollt war;
dass dem Faktum meiner Existenz ein Ziel eingeschrieben ist:
Ich will, dass du bist.
Sei willkommen in diesem Leben.
Du bist geliebt.
Fürchte dich nicht!

So beginnt jedes Menschen Leben
zutiefst mit einem Glaubensakt.
Um zu überleben,
um zu leben,
muss ich glauben dürfen,
ich sei gewollt, geliebt.
Gleich wie selbständig,
wie autonom, wie selbstbestimmt ich werde
im Laufe des Lebens,
im Grunde meiner Existenz
bleibe ich jener Embryo im Mutterschoß,
jener Säugling in meiner Eltern Hände,
der auf Gedeih und Verderb darauf angewiesen ist,

dass ihm ein liebendes Wort
auf die Tatsache seiner Existenz antwortet.

„Im Anfang war das Wort …
In ihm war das Leben,
und das Leben war das Licht der Menschen …“
In diesem einen Wort des Anfangs wird mir alles sinnvoll,
weil alles liebenswert erscheint,
denn ich selbst bin geliebt,
nur deshalb lebe ich.

Dieses Wort,
aus dem aller Sinn und alles Leben quellen,
kann nicht toter Buchstabe sein,
pure Sprache,
in der Signifikant und Signifikat auseinandertreten,
in der das Sprachzeichen mit dem Inhalt dessen,
was es bezeichnet,
nichts zu tun hätte.
In diesem Wort des Anfangs wäre beides zu unterscheiden,
nie aber zu trennen.

Wie anders könnte ein Mensch von Anfang seiner Existenz an
diesem anfänglichen Liebes-Wort trauen,
würde es nicht Fleisch werden in liebenden Menschen!
Jeder liebende Mensch
hätte es von anderen liebenden Menschen empfangen,
die ihm voraus waren.
Am Anfang der Menschheitsgeschichte
hätte es von einem anderen als von einem Menschen
gesprochen werden müssen,
um glaubhaft zu sein.
Menschliche Existenz als durch und durch verdankte
setzt immer schon den Glaubensakt voraus,
geliebt zu sein
und in einer Welt zu leben,
die Sinn hat.

Kein Wunder,
dass der Glaube an einen Gott,

der vor aller Zeit zu allem Ja gesagt
und sich in allem ausgesprochen hat,
durchaus logisch sein kann,
ohne zwingend logisch angenommen werden zu müssen.

Die Liebe von Mensch zu Mensch
ist die höchste und vornehmste Art und Weise,
wie ein Mensch glauben gemacht werden kann,
er sei geliebt,
alles habe einen Sinn,
weil alles geliebt sei.

„Und das Wort ist Fleisch geworden
und hat unter uns gewohnt …“:
Jesus aus Nazaret,
Mensch ohne Lieblosigkeit,
Gottes endgültiges Ja zu jedem Menschen
und zur ganzen Schöpfung,
reiner Widerhall jenes uranfänglichen schöpferischen Wortes:
„Im Anfang erschuf Gott Himmel und Erde …
Gott sprach: …, und es wurde …“,
verzerrt und unglaubhaft geworden durch Katastrophen,
über die Menschen verfügt,
durch Sünden befeuert, aus Lieblosigkeit erwachsen,
von verlorenen Menschen ohne Glauben gesetzt,
sich selbst das machen wollend,
was nur geschenkt werden kann –
Liebe und Sinn –
Gottes liebendes Wort des Anfangs,
ungebrochen zugesagt und gehört in dem Wort,
das Jesus ist,
dieses Wort, selbst gebrochen unter der Last der Lieblosigkeit,
ans Kreuz geschlagen,
bleibt selbst dort, im absoluten Widerspruch,
noch Gottes ungebrochenes Ja,
seine bedingungslose Liebe.

Damit der Mensch Mensch wird,
entkleidet sich Gott seiner Herrlichkeit
und wird Mensch unter Menschen,

er steigt herab,
um uns zu erheben zu jener Würde,
die jeder Mensch von Ewigkeit her vor Gott hat,
weil er geliebt ist.
„Niemand hat Gott je gesehen.
Der Einzige,
der Gott ist und am Herzen des Vaters ruht,
er hat Kunde gebracht.“
Der unsichtbare Gott,
sichtbar in unserem Fleisch erschienen in Jesus, dem Christus,
als die Liebe,
wird heute sichtbar, hörbar
in eurem Liebes-Wort,
das jeden von uns an seinen Anfang zurückführt,
an den Augenblick seines Entstehens
und seines Geborenwerdens,
in dem Glauben,
es sei nicht dem Zufall geschuldet,
sondern der Liebe,
liebenden Menschen,
dem lieben Gott.

Gedicht

EIN-SILBIG
wenn ich dich
anspreche
werde ich

einsilbig

GOTT
DU
KOMM

(Wilhelm Bruners)